AF196119

Arnold Hagemann

Der griechische Metallpanzer

EHV
HISTORY

Arnold Hagemann

Der griechische Metallpanzer

ISBN/EAN: 9783955643751

Auflage: 1

Erscheinungsjahr: 2013

Erscheinungsort: Bremen, Deutschland

@ EHV-History in Access Verlag GmbH, Fahrenheitstr. 1, 28359 Bremen. Alle Rechte beim Verlag und bei den jeweiligen Lizenzgebern.

EHV
HISTORY

DER
GRIECHISCHE METALLPANZER

ARNOLD HAGEMANN

MIT 41 ABBILDUNGEN IM TEXT

DRUCK VON B. G. TEUBNER IN LEIPZIG 1913

I.

DER GRIECHISCHE METALL-MUSKEL- ODER STÜCKPANZER

VORWORT

Die folgenden Studien über die griechische Panzerung sind hervorgegangen aus einer Anregung des Herrn Professor Fabricius, den von der Athenastoa zu Pergamon stammenden Waffenfries einer Neubearbeitung zu unterziehen. Im Laufe der Untersuchungen stellte sich aber heraus, daß, da für die meisten Waffenstücke genügende Vorarbeiten so gut wie ganz fehlen, eine Gesamtbearbeitung aller auf den Reliefplatten zur Darstellung gebrachten Kriegswerkzeuge weit über den Rahmen einer Dissertation hinausgehen, ja vielmehr nicht mehr und nichts weniger als eine Neuaufarbeitung der gesamten antiken Bewaffnung bedeuten würde. So mußte naturgemäß eine Beschränkung eintreten. Ein Teil der Schilde und was mit ihnen in Zusammenhang steht, liegt bereits in Einzelabhandlungen vor. Erwähnt seien hier nur außer der die homerische Zeit behandelnden Arbeit W. Reichels: Homerische Waffen[2] und C. Roberts: Studien zur Ilias, die von G. Lippold: Griechische Schilde (Münchner archäol. Studien) und M. Greger: Schildformen und Schildschmuck bei den Griechen, Erlangen 1908. Anders steht es beim Panzer. Sieht man von den zusammenfassenden Abschnitten bei Baumeister in den antiken Denkmälern S. 2615 ff., ferner im Daremberg-Saglio unter „lorica" — die Behandlung bei Pauly-Wissowa steht ja noch aus — ab, so gibt es keine den gesamten Zeitraum der griechischen Geschichte überspannende Arbeit. Denn sowohl Helbig in seinem „homerischen Epos" wie Reichel in seinen „homerischen Waffen" behandeln nur die älteste Zeit, wollen uns die homerische Bewaffnung veranschaulichen. Und ich glaube, man kann auch für diese Epoche noch manchen Schritt voran kommen. Von kleineren Schriften, die einen größeren Zeitraum darzustellen versuchen, also sich nicht ausschließlich auf das Homerische beschränken, will ich noch folgende erwähnen: Droysen: Heerwesen und Kriegsführung der Griechen 1889, S. 1 ff., der Panzer S. 4 in Herrmanns Lehrbuch der griechischen Antiquitäten, Cybulski: Das Kriegswesen der alten Griechen, Leipzig 1901, ferner H. Blümner: Leben und Sitten der Griechen, Abt. III, S. 115 ff., Leipzig 1887. Diese Abhandlungen liefern nur ein unverhältnismäßig geringes und kaum verarbeitetes, zum Teil falsch gedeutetes Material. Unter diesen Umständen blieb mir kein anderer Weg übrig als der, die Monumente, soweit sie für mich erreichbar waren, neu zu sammeln, um aus ihnen dann unter Heranziehung der uns noch vorliegenden literarischen Quellen ein Bild über die Entwicklung der griechischen Panzerung, bezüglich seiner einzelnen Typen zu geben. Da die Studien sehr umfangreich geworden sind, wird als Dissertation zunächst nur ein Typ: Der Metalloder Muskelpanzer im Druck erscheinen. Binnen kurzer Zeit sollen die übrigen Arten der Rüstung in Buchform nachfolgen. Meinen verehrten Lehrern, den Herren Professoren H. Thiersch und E. Fabricius sei auch an dieser Stelle für die mir jederzeit zuteil gewordene Förderung meiner Studien herzlichst gedankt.

ABKÜRZUNGEN

Jahrb.	= Archäologisches Jahrbuch des kaiserl. deutschen archäologischen Instituts
Arch. Ztg.	= Archäologische Zeitung
B. J.	= Bonner Jahrbücher
Br. Br.	= Brunn-Bruckmann, Denkmäler griechischer und römischer Skulptur
B. C. H.	= Bulletin de correspondance hellénique
D.-S.	= Daremberg-Saglio, Dictionnaire des Antiquités grecques et romaines
Eph.	= Ephemeris archaiologike
F.-R.	= Furtwängler-Reichhold-Hauser, Griechische Vasenmalerei
G. A. V.	= Gerhard, Auserlesene Vasenbilder
G. Akrop.Vas.	= Graef, Die antiken Vasen von der Akropolis zu Athen
J. H St.	= Journal of Hellenic Studies
Magnesia	= Magnesia a. M. Ergebnisse der Ausgrabungen der Jahre 1891—93
Mon. ant.	= Monumenti antichi publ. della reale accademia dei Lincei
Mon. dell'Inst.	= Monumenti inediti dell'Instituto
Mon. Piot.	= Fondation Eug. Piot. Monuments et memoires
Olympia	= Olympia. Die Ergebnisse der vom Deutschen Reich veranstalteten Ausgrabung
Österr. Jahrb.	= Österreichische Jahreshefte
P.-W.	= Pauly-Wissowa, Real-Enzyklopädie der klassischen Altertumswissenschaft
Pergamon	= Altertümer von Pergamon
W. V. Bl.	= Wiener Vorlegeblätter

1. AM PERGAMENER WAFFENFRIES DARGESTELLTE METALLPANZER MIT ANGABE DER KÖRPERMUSKULATUR (SOG. MUSKELPANZER[1])

Pergamon II Taf. XLVII$_2$ = A = Abb. 1; Taf. XLVIII$_9$ = B; Taf. L$_{26}$ = C; Taf. XLV$_1$ = D = Abb. 2.[2]

Abb. 1. Pergamon II, Taf. XLVII$_2$ = A.

Die am Fries erhaltenen Muskelpanzerexemplare sind alle von vorn gesehen. A und D sind ganz erhalten, B und C stark (namentlich in ihren unteren Partien) verstümmelt.

Der Typus läßt sich aus A und D genau erkennen. Eins der Hauptmerkmale dieser Panzerform ist, daß sie nicht, wie dies z. B. beim Linnen- oder beim Lederpanzer der Fall ist,[3] unten geradlinig wagerecht abschneidend schließt, sondern der Hüftlinie folgend in geschweifter Form ausläuft. Ein weiteres Merkmal besteht darin, daß der Panzer in ein gesondertes Brust- und Rückenteil zerfällt. Endlich haben wir im Gegensatz zu dem verschiedenartig dekorierten Lederwams am Metallpanzer eine einheitlich durchgeführte Dekoration: Nachahmung der menschlichen Körperformen in getriebenem Metall.

An der Brustschale sind folgende Details angebracht. Zunächst die Halsgrube, seitlich die Schlüsselbeine. Darunter der Brustkorb mit Rand, Brustmuskel, Brustwarzen sowie die das Ganze in zwei gleiche, symmetrisch angeordnete Hälften teilende Brustbeineinsenkung. Es folgen die Brustpartie abschließend der untere Brust-

---

1) Wenn im Laufe der Untersuchung die drei Bezeichnungen: „Metall-", „Muskel-" und „Stückpanzer" nebeneinander hergehen oder miteinander abwechseln, so sei gleich hier erläuternd folgendes bemerkt. Alle drei Ausdrücke charakterisieren die gleiche Panzerform. Die erstgenannte Bezeichnung gibt die Materie an, die zweite geht von der Ausgestaltung des Materials aus, die dritte ist von mir beigefügt; denn die griechischen Schalenrüstungen entsprechen im Prinzip ganz der Panzerform, die man bei uns im Mittelalter als sog. „Stückpanzer" bezeichnete. Jeder der Namen wählt also ein anderes Charakteristikum, um die Rüstung und ihr Aussehen oder ihr Material zu verdeutlichen; vgl. zu der Bezeichnung „Stückpanzer": A. Demmin, Die Kriegswaffen, 1893, S. 471.

2) Man ziehe zum Vergleich die anderen in Pergamon gefundenen Muskelpanzerdarstellungen heran: Pergamon B. III$_2$ Taf. XVII, XXXIV$_1$ u. XXXV$_1$; Pergamon VII Taf. XXX. Zum Stil der Altarfigur vgl. A. v. Salis, Der Altar von Pergamon S. 154 ff.

3) Zur Veranschaulichung und zum Vergleich seien hier einige Beispiele beider Typen aufgeführt, im übrigen aber sei auf die später erscheinenden Abschnitte „Linnenpanzer" und „Lederpanzer" verwiesen.

„Linnenpanzer": J. H. St. Tafelbd. 1884, Pl. XL Aias ; Arch. Jahrb. 1896, B. XI, S. 179, Abdg. 6; F.-R. Taf. 131.

„Lederpanzer": F.-R. Taf. 6, 15, 25, 26 27; G.A.V. 184, 200, 221 226.

korbrand mit Rippenbogen, der Thorax, dann nach unten in der Mitte der durch die *linea alba* geteilte gerade Bauchmuskel, der seinerseits durch die Tailleneinsenkung in zwei Zonen zerfällt; an den beiden Seiten über den Rippen der Sägemuskel. Die *linea alba* läuft bis zu dem natürlich eingesenkten Nabel. An den Sägemuskel schließt sich dann jederseits oberhalb der Hüften deutlich der äußere schiefe Bauchmuskel an. Der geschweifte, der Hüftlinie entsprechend verlaufende untere Abschluß wird von einer parallelen Linie begleitet. Am Armloch ist ein Randwulst angegeben. Die Rückenschale und ihre Einteilung ist an den am Waffenfries dargestellten Exemplaren nicht sichtbar.

Die Beispiele A, B, C haben Schulterklappen. Bei D fehlen sie. Die Schultertragen springen bei A und C in ihrem Vorderteil an der nach außen zu liegenden

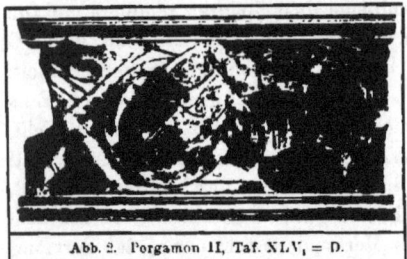

Abb. 2. Pergamon II, Taf. XLV, = D.

Seite rechteckig ein; bei B verjüngen sie sich und sind vorn abgerundet. Alle drei haben eine erhabene, rahmenartige Zierleiste am Rande. Die Innenfläche ist glatt, schmucklos gelassen. Im unteren Klappenteile ist eine Befestigungsvorrichtung angebracht. Bei C sind es Ringe, denen an der Brust jederseits ein zweiter entspricht. Paarweise sind die Ringe mit je einem Riemen verschleift. A besitzt einen halbkugelförmigen Knopf, in den wohl von unten her ein Stift eingriff. Das Ganze wird man am ehesten mit einem modernen Druckknopf vergleichen können. B besaß wahrscheinlich dieselbe Einrichtung.

A hat als unteren Abschluß zwei Reihen Pteryges mit Fransenverzierung. Die obere, kürzere Reihe verläuft wie die Hüftlinie geschwungen, die untere dagegen schneidet wagerecht ab. Bei den Darstellungen B und C ist (infolge der Verstümmelung) nicht mehr zu erkennen, ob sie Pteryges besaßen. Bei D dagegen sind sicherlich keine vorhanden gewesen. A weist außer den angeführten noch solche in der Armhöhlung auf.

Alle vier Exemplare haben einen kragenartigen ganz ringsum laufenden Halsschutz, der mit den Schalen aus einem Stück gearbeitet ist. (Analoge Bildungen werden wir an erhaltenen Beispielen antreffen.)

Bei keinem der vier Panzer findet sich auch nur irgendeine Spur einer Angabe, wie die beiden Panzerschalen seitlich miteinander verbunden, respektive die Verschlüsse hergestellt waren.

Als Material endlich, aus dem der Panzer gefertigt ist, kommt nur Metall in Betracht. Es wird Bronze gemeint sein. Ausgeschlossen ist aber nicht, da wir hier ja besonders hervorragende Spolien vor uns haben, daß die Stücke einen Überzug aus edlerem Metall (Silber oder Gold) besaßen. Bei dem heutigen Zustand läßt es sich nicht mehr entscheiden, ob das Material vielleicht durch Bemalung bestimmter angedeutet war.

2. GRUPPE I: DER GLOCKENPANZER

In der Geschichte des „Muskelpanzers" lassen sich zwei Hauptformen scheiden: eine ältere, die wir ihrer steifen Gestaltung nach am besten mit dem Namen „Glockenpanzer" bezeichnen, und eine jüngere, den ausgeprägten Muskelpanzer. Zwischen beiden Gruppen steht eine weitere Klasse. Sie bildet die Übergangsstufe von der älteren Form zur jüngeren Ausgestaltung.

Von vornherein zu betonen ist der grundlegende Unterschied der beiden Hauptklassen. Die ältere Form ist bedeutend kürzer — reicht nur etwas über den Nabel hinaus — schneidet unten mit steif abstehendem Rande wagerecht ab, während der ausgeprägte Muskelpanzer länger ist und unten an der Vorderseite mit Hüftlinienabschluß geschwungen ausläuft. Der Glockenpanzer liegt meist nicht in seiner ganzen Flächenausdehnung auf dem Körper auf, sondern nur am Hals und auf den Schultern, sowie weiter unten etwa in Nabelhöhe. Der ausgeprägte Muskelpanzer dagegen ist genau den Körperformen entsprechend

Abb. 3. Gräf: Akrop. Vas. Taf. 36, Nr. 611 a.

gearbeitet und schließt sich in seiner ganzen Ausdehnung an Brust, Bauch wie Rücken gleichmäßig an. Beim Glockenpanzer sind die Muskelangaben erst äußerst spärlich und noch ungenau, nur die Hauptpunkte herausgreifend, mehr spielerisch ornamental behandelt als den tatsächlichen Körperteilen und ihrer Bildung gleichend, beim jüngeren Typus dagegen sind sie entsprechend dem wachsenden anatomischen Verständnis mit peinlich detaillierter Ausführung gemacht. Endlich hat der ausgeprägte Muskelpanzer bisweilen Pteryges und seit dem 4. Jahrhundert auch mitunter bewegliche Tragklappen auf den Schultern.

Beide Typen verbindet zunächst das Herstellungsmaterial, dann die Angabe der Körperdetails, endlich die Art und Weise der Anfertigung.

Schon die Grundform des Muskelpanzers ist eine vom Lederwams verschiedene. Beim Lederpanzer (s. d.) haben wir einen mit Unterbrechung umlaufenden, Brust wie Rücken gleichmäßig schützenden Hauptteil. Das geht dort, weil das Material fügsamer ist und sich leichter in verschiedene Lagen bringen läßt. Beim Muskelpanzer dagegen bedingt die Starrheit des Materials, sei es Bronze, Eisen oder eine andere Metallmasse, eine Zweiteilung des Körperschutzes in Brustteil und Rückenschale. Das Metall beharrt in der ihm einmal gegebenen Form. Die beiden „Schalen" sind immer getrennt gearbeitet. Solange der Metallpanzer überhaupt sich erhalten hat, blieb auch diese Teilung in zwei Schalen bestehen. Daran ändert sich auch nichts, wenn mitunter in der späteren Zeit die beiden Schalen auf der einen Seite durch einen Lederstreifen oder ein Scharnier miteinander verbunden werden, so daß man sie je nach Belieben aufmachen und zuklappen kann. Auch in dieser Gestaltung sind es eben doch immer zwei getrennt voneinander hergestellte Teile.

Abb. 4. Kekulé: Bronzen aus Dodona. Taf. II.

Beginnen wir mit dem zeitlich älteren Typus, der nach seinem Äußeren „Glockenpanzer" (z. B. Abb. 3) benannt werden mag.

Er liegt meist nur am Halse fest auf und wölbt sich über der Brust ziemlich stark, um dann nach einer etwa am Nabel aufliegenden starken Einziehung scharf nach außen in einen ein bis zwei Handbreiten abstehenden Rand wagerecht auszulaufen. Erst ganz gegen Ende seines Vorkommens schließt er sich getreuer an die Muskelpartien des Rumpfes an. Etwa in der Höhe der Taillenlinie hört dieser Schutz in älterer Zeit auf. Außen sind einer noch unentwickelten Kunststufe entsprechend die Körperformen nur sehr summarisch angedeutet. Am Halse findet sich mitunter zu dessen Schutz ein kragenförmig umlaufender Schirm, während der Unterleib bei diesem älteren Typus noch jeglicher Sicherung entbehrt.

Wir betrachten am besten die „Schalen" der einzelnen Gruppen jede für sich.

Die Brustschale des älteren Typus hat folgende Form[1]). Sie ist entsprechend der Körperrundung gewölbt. An ihrem oberen Rande besitzt sie einen runden Ausschnitt für den Hals und zwei weitere für die Arme. Die Schale liegt nur in ihren oberen Partien fest auf, also auf Schultern und Schlüsselbein. Dann wölbt sie sich ziemlich stark und läßt zwischen Brust und sich einen Zwischenraum. So kommt es, daß bei Homer[2]) eine Waffe die Schale durchdringen kann, ohne den Träger zu verwunden. Etwa in der Nabelgegend nähert sie sich wieder dem Bauch und liegt hier abermals auf. Der untere, wohl meist ringsum gleich breit gebildete Rand[3]) ist stark nach außen abgebogen, um auf der einen Seite den Träger nicht zu verletzen, und dann aber auch, um Schwerthiebe nach außen hin — also vom Körper des Getroffenen weg — abgleiten zu lassen. Auf späteren Bildern wird sie länger dargestellt und reicht noch ein Stück über den Nabel hinab über

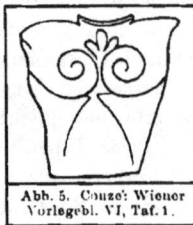

Abb. 5. Conze: Wiener Vorlegebl. VI, Taf. 1.

---

1) Zur Form vergleiche man:

A. VASEN:

F.-R. Taf. 1 2, 13 14, 42; G. A. V. 31, 104, 108, 117/118; W. V. Bl. 1888 Taf. IV 1c, 1d, 3.

B. RELIEFS:

Fouilles de Delphes B. IV Sculpture Pl. XXI—XXIII; Murray: Terrakotta Sarkophagi in the Br. Mus. Pl. IX; Micali: Mon. ant. Pl. LI Nr. 3   auf Bucchero nero: Micali, Mon. ant. Pl. XXII; O. Benndorf: Metopen von Selinunt Taf. V.

C. BRONZEN.

Arch. Ztg. 1882, Taf. I (Krieger aus Dodona ; Micali: Mon. ant. Pl. XXXVIII₁; Olympia IV Taf. VII Nr. 41, 42ab. Ath. Mittlg. (1878) B. 3 Taf. I.

2) Vgl. die Zusammenstellung der Zitate bei Helbig, Homer. Epos[2] S. 286. Absch. 1, An. 2.

3) Es kommen im 5. Jahrhundert auch solche ohne Rand vor, so F.-R.: Taf. 54; die Breite variiert. Besonders breit ist der Rand z. B. Mon. ant. I, LI; einen abnorm gebildeten Rand weist der Panzer des Ares auf der François-Vase (F.-R.: Taf. 11/12) auf. Hier wird

den Unterleib hinweg. Man sucht eben die vom Panzer geschirmte Fläche allmählich zu vergrößern.

Die Rückenschale[1]) ist, wie es die flachere Struktur des Rumpfes an dieser
Seite verlangt, platter gestaltet. Sie besitzt am oberen Rand Ausschnitte für
den Nacken sowie für die Arme, entsprechend denen der Brustschale. Da ihre Form
noch nicht völlig nach dem Rücken gebildet ist, wie wir es bei dem späteren aus-
geprägteren Typ kennen lernen, so wird sie ebenfalls ziemlichen Spielraum gewährt haben. Sie lag unten an der Einziehung, die der der Brustschale entspricht,
auf und natürlich auch auf den Schultern.

Seitlich müssen sich die Abschlußlinien der beiden Schalen entsprochen haben,
damit man sie miteinander verbinden konnte. Aus den Monumenten ist über die Art
des seitlichen Anschlusses der Schalenränder gar nichts zu ersehen. Der Panzer
muß aber so gearbeitet gewesen sein und nicht etwa aus einem Stück, denn wie
wollte man sonst den Panzer anlegen können, ohne ihn bei aller Elastizität des
Metalles jedesmal erst gründlich zu verbiegen? An den Rändern sind auf den Darstellungen der Denkmäler mehrfach Punktreihen, die auf Auspolsterung (s. d.)
(Abb. 3) der Schalen schließen lassen, zu sehen.

Einzelne Schalen sind auf den Monumenten nie
dargestellt. Ist einmal ein frei daliegender Panzer[2])
gegeben, so sind beide Schalen vereint, und zwar
immer von der Brustseite aus zu sehen (Abb. 5).

MODELLIERUNG DER BRUSTSCHALE

Den Brustkorbrand geben zwei jederseits von
den Armlöchern ausgehende Linien an. In ihrer Füh-
rung lassen sich zwei Richtungen unterscheiden. Die
eine erstrebt die realistische Wiedergabe: Die Linien
biegen leicht nach unten geschwungen aus, um sich
dann an der Körpermitte zu vereinigen. So sehen
wir es auf der melischen Amphora[3]) und auf korinthischen Vasenbildern.[4]) Leicht geschweift in Halbkreisform, einander nicht treffend, finden[5]) wir sie auf

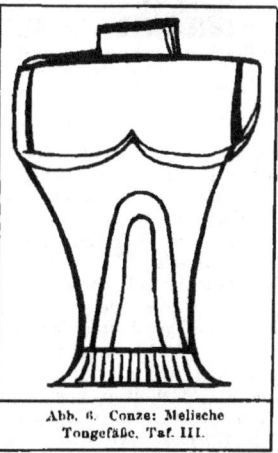

Abb. 6. Conze: Melische
Tongefäße. Taf. III.

der abstehende Rand von hinten nach vorn zu gleichmäßig abnehmend vorn bedeutend
schmäler. Handelt es sich hier nicht etwa bloß um eine Laune des Meisters, so wäre als
praktischer Grund für diese Bildung anzuführen, daß hinten ein weiter abstehender Rand nicht
hinderlich war, wohl aber konnte er vorn, reichte der Panzer ziemlich tief hinab, beim Vor-
wärtsschreiten dem Träger sehr unbequem, ja direkt hinderlich werden.

1) Zur Rückenschale vgl. G. A. V. Taf. 2, 91, 122/123 (von der Seite gesehen), ebenso
Mon. ined. dell' Inst. B. I Taf. LI.

2) Panzer allein: F.-R. Taf. 54; Conze: Mel. Tongefäße Taf. III; Micali: Mon. ant.
Taf. LXXXII; Conze VI₁; Arch. Anzg. 1889, S. 93 Nr. 8 (korinthisches Salbgefäß).

3) Conze: Mel. Tongefäße Taf. III. Hier je ein Doppellinienpaar zur besonderen Betonung des Brustkorbrandes.

4) Mon. dell' Inst. VI Taf. XXXIII. Man beachte hier besonders die ganz gleichartige
Wiedergabe dieser Körperpartie an den Panzerschalen wie an den nackten Körpern. Auf
korinthischen Gefäßen findet sich aber auch die andere Form: Einrollung zu Voluten, so Pottier: Vases antiques du Louvre II, E 636; Mon. Piot. XVI, 1908, Pl. XIV links.

5) A. D. II 44.

protokorinthischen Darstellungen. Ganz anders dagegen geben sie das Vasengros, namentlich die attischen Gefäße. Hier enden sie in Spiralen[1]): eine ornamentale Andeutung des großen Brustmuskels. Außerdem finden wir mitunter noch Angabe der Brustwarzen[2]), ebenso durch eine senkrechte, das Brustbein markierende Linie die Wiedergabe der horizontalen Brustteilung in zwei Hälften.[3]) Der gerade Bauchmuskel wird in seiner Abgrenzung gegen den beiderseitigen schiefen Bauchmuskel hin durch eine stark gebogene, kurvenartige Linie in Omegaform angegeben.[4]) Im Inneren der Kurve, also auf dem geraden Bauchmuskel, finden wir mitunter auch die *linea alba*[5]) eingetragen. Bisweilen kommt tiefer, gegen den unteren Rand hin,

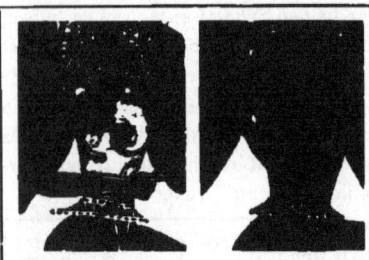

Abb. 7. Nach Furtwängler-Reichhold, Griech. Vasenmalerei Mit Genehmigung der Verlagsanstalt F. Bruckmann. München

1) G. A. V. 121, 122, 123; F.-R. Taf. 1,2, 11 12; W. V. Bl. 1888, Taf. III 1c, 1d, 3a, V 1b. Zu den Panzerdarstellungen auf den Henkelflächen der François-Vase (Abb. 7) sei noch folgendes bemerkt: Es entspricht der älteren Kunstauffassung und Darstellungsweise, um möglichst klar zu wirken, den Körper in seiner größten Flächigkeit wiederzugeben, ohne besondere Rücksichtnahme darauf, ob der dargestellte Gegenstand auch dem wirklichen Bilde gleichkommt. Um dies zu erreichen, hat der Meister den nach rechts hin von der Seite gesehenen Aias so dargestellt, als ob er uns seine volle Brustseite zuwendete. Wir sehen also die Brust von vorn, während der Körper tatsächlich von der Seite zu geben gewesen wäre. Auch in der plastischen Kunst der Frühzeit haben wir das gleiche, später als unrichtig erkannte Bestreben, seitlich gesehene Personen in größter Flächendarbietung zu geben. Dies ist z. B. bei der bekannten, dem Achermos zugeschriebenen Nike von Delos (Br. Br. Taf. 3) der Fall. Ich habe gerade die François-Vase als instruktives Beispiel angeführt; denn der Maler sucht den eben beschriebenen Fehler in der ganz gleichartigen Darstellung des Aias am anderen Henkel gutzumachen, die Figur seitlich darzustellen. Und zwar folgendermaßen: Wir sehen am unteren Panzerteile lediglich die halbe Bauchmuskelumrißlinie. Etwas anders verfährt er im oberen Teile. Hier sind nicht mehr wie drüben zwei, sondern nur noch etwa 1 ¹⁄ Spiralen gezeichnet. In dieser unvollständigen Spirale liegt wenigstens die Empfindung für die Notwendigkeit einer perspektivischen Abkürzung. Im unteren Teile hat er auf Darstellung 2 den Panzer gegenüber Darstellung 1 richtig um rund 90° gedreht. In der oberen Partie wagt er dies nicht, wohl eben, um die Flächigkeit nicht ganz preisgeben zu müssen. Der Wahrheit am nächsten kommt dann der auf dem gleichen Krater befindliche, ebenfalls im Profil gesehene Panzer des Ares. Vgl. Thiersch: Tyrrhenische Amphoren, 1899, S. 124. Ähnliche mehr oder weniger unbeholfene Versuche von Lösungen dieser Frage lassen sich an zahlreichen Vasenbildern beobachten, so auch an dem Bild: W. V. Bl. 1888, Taf. IV 3d = G. Akrop. Vas. Taf. 36, Nr. 611a; ferner a. I. O. Nr. 648f. — In umgekehrter Richtung verlaufen die Spiralen bei dem sog. Euphorbos-Teller: Salzmann: Nécropole de Kamiros, Taf. 53. Hier setzen sie an der Halsgrube an und rollen sich nach außen hinein.

2) F.-R. Taf. 42; Sieveking-Hackl: Münchner Vasenslg. I, S. 65, Nr. 592, Taf. 21, Abb. 75; Mon. dell' Inst. Vol. VI/VII, Taf. XXXIII.

3) Trennungslinie auf Brust: G. A. V. 117 118; Micali: Mon. ant. Pl. LXXVIII; — Zwei die beiden Spiralen verbindende Bogenteile finden sich auch: G. A. V. 5, 1. Dies ist die Stelle, wo sich bei den jüngeren Bildungen gern eine verzierende Palmette einnistet, die zwischen den beiden Voluten herauswächst.

4) Bauchmuskelrandlinie: F.-R. Taf. 1 2, 11 12, 42 (hier besteht sie aus einem oberen dünnen, einem unteren breiten Streifen, zwischen beiden ist eine ebenso geschwungene Punktlinie eingeschoben); G. A. V. 104, 117/118, 121, 122/123; W. V. Bl. 1888, Taf. IV 1c, 1d, 3a; Mon. dell' Inst. Vol. I Taf. LI; Fitzwilliam Mus. Pl. VII, 44 A.

5) *Linea alba*: F.-R. Taf. 1 2; G. A. V. Taf. 5, 117/118, 206, 207; Lenormant de Witte: Élite Vol. I 1; Arch. Ztg. 1882, Taf. I. — Einen guten Einblick in die an archaischen Figuren

innerhalb der omegaförmigen Bauchmuskelumrißlinie, außer dieser bereits angeführten noch eine zweite ebenso geschwungene kleinere vor. In einigen Fällen bezweckt man damit wohl lediglich eine besondere Betonung dieser wichtigen Tei-
lungslinie[1]), andere Darstellungen dagegen geben sie in einer solchen Entfernung
von der Hauptlinie, daß man sie nur als eine dekorative, wohl in raumfüllendem
Sinne angebrachte Zutat betrachten kann.[2]) Auf einer ganzen Reihe von Vasenbildern ist dieselbe Einzelheit durch je zwei parallele, ganz gerade, spitzwinklig
zusammenlaufende Linienpaare kenntlich gemacht.[3]) Besonders zu erwähnen ist
noch, daß mehrfach zur besseren Veranschaulichung und Trennung der gegenein-

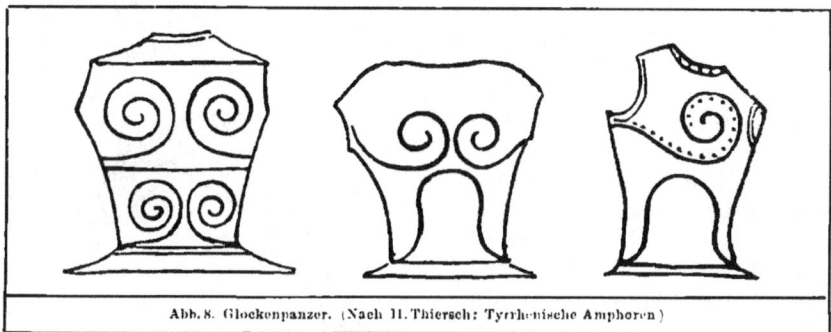

Abb. 8. Glockenpanzer. (Nach H. Thiersch: Tyrrhenische Amphoren.)

ander abzusetzenden Partien auf schwarzfg. Vasen gern Rot aufgesetzt wird, und
zwar so, daß umschichtig Rot und Schwarz abwechseln, also z. B. Brust und gerader Bauchmuskel rot, das Dazwischenliegende schwarz getönt ist.[4]) Diese Anwendung von Rot dient, wie gesagt, wohl nur der klareren Darstellungsweise.
Endlich wiederholt man auch auf dem Bauch schematisch die die Brust zierenden
und dort, wie wir sahen, verständlichen Spirallinienzüge[5]), die hier natürlich ganz
sinnlos sind und, wie ich es schon weiter oben bei Besprechung der Omegalinien-
verdoppelung ausgesprochen habe, lediglich ornamental-raumfüllend wirken, wie
es ja dem Standpunkt der älteren Kunst mit seinem *horror vacui* entspricht. Das
ist aber auch alles. Häufig sind, wie gesagt, lediglich die Brustspirallinien vorhanden oder auch allein die Bauchmuskelumrißlinie. Einige Male wird das Schlüsselbein[6]) angedeutet, nur selten haben wir innerhalb der Bauchmuskellinie eine sche-

gegebenen Muskeldetails gewährt ein Aufsatz von Kalkmann: Archaische Bronzefigur im Louvre.
Jahrb. VII 1892, S. 127 ff.

1) F.-R. Taf. 42; G. A. V. 95/96, 104, 121, 122/123, 205; Wiegand: Porosarchitektur der
Akropolis, S. 193, Abb. 211b u. Taf. VIII, Nr. 4 (Herakles); Mon. dell' Inst. Vol. VI, Taf. XXXIII.

2) G. A. V. 104; Micali: Mon. ant. 1833, Taf. 78. (Oder sollte hier der kleine Halbkreis
den Nabel andeuten?)

3) G. A. V. 104; F.-R. Taf. 42. Diese Angabe ist wohl nur als eine sehr weitgehende
Stilisierung oder als eine gedankenlose Zeichnung des Vasenmalers anzusprechen.

4) G. A. V. 117/118, s. Abb. 12.

5) Spirallinien auf den Bauchpartien geben tyrrhenische Amphoren. Siehe Thiersch:
Tyrrh. Amphoren, S. 124 = Abb. 8 links.

6) F.-R. Taf. 1/2; G. Akrop. Vas. Taf. 35, 607q; Mon. dell' Inst. Vol. VI/VII, Taf. XXXIII.

matische Angabe der Inskriptionen[1]),
so auf chalkidischen Gefäßen (Abb.12).

Bei den sehr wenig zahlreichen Darstellungen der Rückenschalen sieht
man mitunter in der Gegend der Schulterblätter ein gleich schematisches
Spirallinienpaar wie auf der Brustseite.[2]) In anderen Fällen ist die gebogene Schulterblattumrißlinie angegeben.[3]) Sehr charakteristisch ist die
einige Male vorkommende Angabe der
Wirbelsäulenbahn. Zwei annähernd
parallel gerichtete Linien kennzeichnen die in der Rückenmitte im Verlauf der Wirbelsäule vorhandene Einsenkung[4]) (Abb. 9). Auf einer der angeführten Darstellungen biegen sie
unten, dort, wo die Glutäen ansetzen,
jederseits seitlich nach außen zu um
und geben so die Trennung von Rücken
und Glutäen an. Neben dieser Andeutung der Wirbelsäulenbahn findet sich
dann seitlich noch etwa in Viertel-
rückenbreite jederseits von der Mitte

Abb. 9. Mon. Piot. B. 16 (1909), Taf. XIV.

entfernt eine an den Enden nach außen zu umbiegende Linie.[5]) Sie soll wohl die
am Rückenstrecker und nach oben zu zwischen Kapuzenmuskel und breitem Rückenmuskel befindliche Einsenkung — wenn auch ziemlich schematisch — charakterisieren.

Bisher sind fast ausschließlich Vasenbilder zur Angabe der Modellierung her-
angezogen. Fast ganz gleichartig sind darin die weniger zahlreichen, aus früher
Zeit stammenden Bronzen[6]) wie Reliefs[7]). Besonders bemerkt sei noch, daß diese
beiden Gruppen den Panzer in der Modellierung naturgetreuer und in der Form
sich mehr dem Körper anschmiegend geformt geben. Man wird dementsprechend
wohl das auf Grund der Vasenbilder entstandene Bild ein wenig modifizieren

1) Mon. ant. I, LI; Milani: Monumenti scelti, Taf. I 1; Sieveking-Hackl: Münchner Vasenslg.
B. I, Nr. 592, S. 65, Abb. 75, Taf. 21; F.-R. Taf. 1/2.

2) G.A.V. 108.

3) G. Akrop. Vas. I 33, 607a, 43, 648f (links?); Pottier: Vases du Louvre I, Pl. 49, E 636.

4) G.A.V. 2, 31 oben; Mon. Piot. B. 16 (1908), Pl. XIV.

5) Oder sollten die Linien nur zu tief geraten sein und die Schulterblätter bezeichnen?
vgl. hierzu: Mon. dell' Inst. Vol. VI/VII, Taf. 34 (unten links).

6) Bronzen: Arch. Ztg. 1882, Taf. 1; Olympia IV, Taf. VII, Nr. 41, 42ab; Helbig: Hom.
Epos², S. 254, Fig. 90; Micali, Mon. ant. Taf. XXXVIII, 4.

7) Reliefs: Bucchero-Vase: Micali: Mon. ant. Pl. XXII, LI; Fouilles de Delphes, Sculpture
Pl. XXI/XXIII; Murray, Terrakotta Sarkophagi in the Br. Mus. Pl. IX; Wiegand: Porosarchitektur auf der Akropolis, S. 193, Abb. 211b u. Taf. VIII, Nr. 4.

müssen. Es muß eben immer wieder betont werden, daß die Vasenbilder in ihrem Bestreben, deutlich zu sein, übertreiben und andererseits in manchen Dingen nur abkürzende Wiedergaben darstellen, also von der Wirklichkeit etwas abweichen. Man darf ob dieser Unbeholfenheit, die vielleicht, wie ich gleich weiter unten ausführen werde, auch gar nicht als solche aufzufassen ist, diese meist nur eingravierten, seltener getriebenen oder plastisch[1]) aufgesetzten Linien nicht verachten. Wie bei aller primitiven Kultur das betreffende Volk sich erst zu einer höheren, vollkommeneren Stufe durchringen muß, so ist das auch hier der Fall. Und wir werden in den späteren Abschnitten, die sich mit den Panzerbildungen der klassischen und hellenistischen Epoche befassen, sehen, wie erstaunlich rasch gerade die Griechen ihre anatomischen Kenntnisse verbesserten und erweiterten, und wie nach einem zeitweisen Schwanken sehr bald die endgültige, für Jahrhunderte dann unveränderte Durchbildung auftritt. Diese uns auf den Vasen entgegentretende Unbeholfenheit kann aber auch bis zu einem gewissen Grade eine nur scheinbare sein. Steht es dann fest, so könnte man berechtigter-

weise einwenden, daß die uns vorliegenden Darstellungen in kleinem Maßstab uns nicht bloß abkürzend wiedergeben, was *in natura* größer, genauer und ausführlicher gebildet war, was man aber bei der meist außerordentlich starken Verkleinerung nicht geben konnte oder wollte, z. B. um nicht durch allzu reichliche Detailangabe verwirrend und unklar zu wirken? Wie weit tatsächlich die Glockenpanzer durchgearbeitet waren, können wir nur vermuten, nicht genau festlegen, denn kein einziges derartiges Exemplar ist ja in vollständiger Erhaltung auf uns gekommen. Nur einen Weg, der klärend wirken kann, sehe ich, und das ist ein Vergleich mit den gleichzeitigen plastischen Werken.

Die Plastik gibt uns ja dank des ziemlich zahlreich vorhandenen Materiales parallel gehende Typen an die Hand. Es sei erlaubt, zur Erläuterung einige, die dazu besonders geeignet erscheinen, herauszugreifen. Betrachten wir z. B. einen der in Delphi gefundenen sog. Apollines (Abb. 10)[2]), die ja jetzt als

1) Plastisch aufgesetzte Spiralen: Arch. Ztg. 1882, Taf. I = Kekulé, Bronzen aus Dodona, 1909, Taf. II. Die plastisch aufgesetzten Spiralen verfolgten wohl neben der deutlichen Hervorhebung des Motivs auch nebenbei den realen Zweck, die Panzerschale hier auf der Brust noch besonders zu verstärken.

2) Fouilles de Delphes B. IV (Sculpture) Pl. I II; Österr. Jahrh. XIII (1910) S. 41 ff. Zu den Apollines: Apoll von Tenea, Br. Br. Taf. 46; Apoll. von Orchomenos-Thera, Br. Br. Taf. 47; Arch. Ztg. 1882, Taf. 4. Bedeutend fortgeschrittener sind ja dann die Ägineten, Furtwängler: Ägina 1906, ferner der oben gegebene Apollon Strangford, Mon. del Inst. IX, Taf. 41.

Abb. 10. SOG. APOLL AUS DELPHI. (Nach Baumgarten: Hell. Kultur³ S. 161, Abb. 157.)

Fig. 11. APOLLON STRANGFORD.
(Mon. del Inst. IX, Taf 41.)

das Brüderpaar Kleobis und Biton erkannt sind, so füllt sogleich die schon von den Vasenbildern her bekannte Hauptdreiteilung der Brustseite in Brustpartie, obere und untere voneinander durch Thorax oder die Bauchmuskelumrißlinie getrennte Bauchpartie ins Auge. Im einzelnen ist die Formierung der Brusthälften hier viel natürlicher als auf den Vasenbildern. Ähnlich steht es mit der Mehrzahl der archaischen sogenannten Apollines. Fast jeder von ihnen hat ein beim andern nicht wahrnehmbares Detail der Körperbildung verzeichnet und je jünger sie werden, desto vollkommener und natürlicher wird ihre Körperwiedergabe. Ganz ans Ende dieser Epoche gehört der Apollon Strangford (Abb. 11).

Ziehen wir aus diesen Andeutungen das Fazit, so kommen wir zu dem Schluß, daß die Vasenzeichnungen, von ganz wenigen, besonders gut durchgeführten Panzerdarstellungen abgesehen, in den meisten Fällen nur als mehr oder minder starke Abbreviaturen der Wirklichkeit aufzufassen sind, wobei selbstverständlich auch noch in Erwägung zu ziehen ist, daß je nach der Leistungsfähigkeit des den Panzer verfertigenden Meisters schon ein sehr starker Unterschied im äußeren Aussehen der Panzer vorhanden gewesen sein wird, zumal ja die älteren Glockenpanzer viel weniger auf den Körperbau Rücksicht nahmen, wie die späteren eng anliegenden Muskelpanzer.

Hier ist die Frage am Platze, wie die Griechen eigentlich dazu kamen, auf ihren Metallpanzern Muskeldetails anzugeben? Es lassen sich mehrere Gründe dafür anführen.

Zunächst ein rein praktischer. Der Panzer muß möglichst genau nach den Körperformen gearbeitet sein, damit er sich anschmiegt. Das ist wesentlich. Denn ganz konnte man die zu panzernden Körperformen nicht ignorieren, wollte man einen wirklich gut sitzenden und somit auch brauchbaren Harnisch herstellen[1])!

Dazu kommt die Beschaffenheit des Materials Metall beharrt gegenüber dem fügsameren, bewegungsfähigeren Leder in der ihm einmal gegebenen Form. Da, wie gesagt, das Leder schmiegsam bleibt, war für den Lederpanzer eine ebensolche Ornamentierung, wie wir sie am Muskelpanzer antreffen, keineswegs erforderlich[2]),

1) Aus dem gleichen Grunde werden die Beinschienen so ganz der Unterschenkelmuskulatur angepaßt.

2) Ich halte es durchaus nicht für ausgeschlossen, daß namentlich in hellenistischer und römischer Zeit Lederpanzer hergestellt wurden, die ganz der Körpermuskulatur entsprechend gebildet waren, also von den uns sonst auf griechischen Vasenbildern wiedergegebenen zylindrischer Gestaltung abweichen, und zwar auf dem Wege der Lederpressung. So ist es denn leicht möglich, da man ja dies auf den Wiedergaben nicht mehr unterscheiden kann — früher gab vielleicht mitunter die farbige, heute verschwundene Nuancierung einen Anhaltspunkt —,

hier beim Metall dagegen Bedingung. Ein künstlerisch so eminent begabtes Volk aber, wie es die Griechen tatsächlich waren, mußte es reizen, dem modellierbaren Metall eine künstlerisch möglichst formvollendete Gestaltung zu verleihen.

Mit dieser Erscheinung kreuzt sich eine zweite, die im Charakter des Hellenenvolkes lag: die Freude am menschlichen Körper und seinen Formen. Der Grieche zuerst wagte es, seine Figuren entblößt darzustellen, um alle Einzelheiten getreulich wiedergeben zu können. Ihm wie den Vertretern der Renaissance ist der Mensch das wichtigste Darstellungsobjekt in seiner Kunst. Der Mensch tritt immer mehr und mehr in den Vordergrund, verdrängt alle anderen Gegenstände, so in der Vasenmalerei Tier und Ornament. Stark beeinflußt wurde der antike Mensch und Künstler noch in dieser Freude an den Formen des Lebens dadurch, daß er ja alltäglich Gelegenheit hatte, in den Schulen die in Gymnastik sich übende Jugend zu schauen, und daß er hierbei seine Anschauungen über die Bildung des menschlichen Körpers erweitern konnte. Es ward den Griechen also leichter gemacht als den Künstlern der Renaissance, die zu ihren vollendeten Darstellungen erst durch eingehende anatomische Studien gelangten. Schmerzlich muß es der Künstler empfunden haben, daß die Rüstung den Oberkörper verdeckte. Mit Freuden ergriff er darum die Gelegenheit, die das Metall ihm darbot, zunächst auf ihm die verdeckten Formen wiedergeben zu können. Aus diesen Gedanken heraus entstand der Muskelpanzer. Am Ende des 5. Jahrhunderts geht man einen Schritt weiter, man stellt meist den Krieger wieder ohne Rüstung, unbekleidet dar, man ringt sich also zu der Erkenntnis durch, daß auch eine noch so hochstehende toreutische Leistung nur ein Notbehelf ist und den wahren Körperformen nur bis zu einem gewissen Grade gerecht wird. Die Griechen, und zumal die Athener, waren, das zeigt sich auch hierin, mehr Künstler als Soldaten. Schild, Helm und Schwert genügen, um die Männer als Krieger zu charakterisieren.

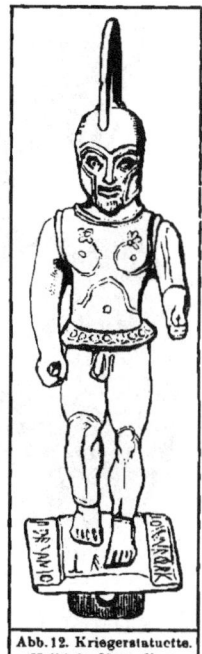

Abb. 12. Kriegerstatuette.
(Helbig[2]: Hom. Epos.
S. 251, Fig. 90.)

Aus dieser Tendenz heraus, die Krieger zu idealisieren, entspringt dann umgekehrt für uns der Übelstand, daß nur ganz selten von jener Zeit ab Rüstungen dargestellt werden, und so bis gegen das Ende des 4. Jahrhunderts in den Darstellungen eine empfindliche Lücke klafft.

Die Herstellungsart der Panzerschalen werde ich weiter unten, im allgemeinen Abschnitt die verschiedenen Gruppen zusammenfassend — denn sie ist im Prinzip bei allen Typen die gleiche —, behandeln.

daß unter den von mir als Metallpanzer aufgeführten Exemplaren der oben genannten späteren Epochen der eine oder andere in Wirklichkeit gar kein metallener Harnisch, sondern ein Lederkoller ist. Doch das ist für das Gesamtresultat meiner Arbeit nicht von Belang, denn es handelt sich in diesen Fällen lediglich um eine Nachahmung der Metallvorbilder. Auch später fertigte man noch derartige Muskellederpanzer an. Als Beleg dafür seien die Mediceerstatuen Michelangelos in Florenz angeführt. Zur Zeit der Renaissance lebt die antike Panzerform wieder auf.

Abb. 12. Graef: Akr. p. Vas.
Taf. 35, 607 q.

Neben der bisher fast ausschließlich behandelten Wiedergabe der Körpermuskulatur haben die Panzer auch rein ornamentalen, geometrischen Schmuck.

Der untere, vom Körper steif dachartig abstehende Rand weist häufig radial verlaufende Linienzüge[1]) auf; so schon das mehrfach angeführte Exemplar auf einer Amphora der melischen Klasse; gleichartiges bieten die François-Vase, andere Gefäße des 6. Jahrhunderts und auch eine etruskische Bronze. Mitunter sind die entstehenden Felder alternierend mit roter Farbe geziert.[2]) Auf weiteren Darstellungen sind andere Muster gegeben, so Gitterwerk am Euphorbos-Teller[3], Zierknopfbuckel an einer aus dem Peloponnes stammenden Bronze[4], Zickzackmuster[5]), Mäander mit eingefügten Kreuzen und anderes mehr.[6] Es sind alles rein geometrisch-dekorative Zierstreifen, die, ähnlich wie die Säume an den Gewanddarstellungen der gleichzeitigen Epoche einen Abschluß geben.[7]) (Auf die Frage, ob in einigen Fällen etwa ein Gürtel gemeint sein könnte, komme ich weiter unten zu sprechen).

Dekorativ wirken auch die meist an den Rändern, aber auch auf der Panzerfläche in den Brustspiralen und an der Bauchmuskelumrißlinie vorkommenden Punktlinien.[8]) Über ihre Bedeutung wird in einem der folgenden Abschnitte zu handeln sein. Den Zierstreifen am unteren Rand entsprechen — wenn auch selten — solche am oberen Halsabschluß.[9]) Sie haben hier die gleiche Bedeutung wie die am unteren Rand. Die Herstellung dieser Linienzüge kann in verschiedener Form vor sich gegangen sein. Zumeist waren sie wohl nur mit dem Griffel eingraviert. Hierfür spricht auch, das sei vorgreifend angeführt, das erhaltene Material.[10]) In anderen Fällen trieb man diese Muster wohl analog der Muskelangabe. An einigen Monumenten wieder sind die entstandenen Felder abwechselnd andersfarbig gegeben. Dies kann wieder lediglich dem Meister des betreffenden Vasenbildes zuzuschreiben sein, kann aber auch eine tatsächlich

1 Conze: Mel. Tongefäße Taf. III; F.-R. Taf. 1 2 = W. V Bl. 1888, Taf. IV 1 c; G. A. V. 117—118; Micali: Mon. antichi Taf. LXXV A, LXXVI B, Taf. LXXVIII c. (Bronze).

2 G. A. V. 117 118.

3 Salzmann: Nécropole de Kamiros Pl. LIII.

4) Ath. Mittlg. B. 3 (1878) Taf. I Nr. 2 (= Helbig² Homerisches Epos S. 254 Fig. 90) = Abb. 12.

5) Micali: Mon. d. Storia Ital. Taf. LXXV/XXVI A. B.

6) G. Akrop. Vas. B. I. 43, Nr. 648 f.; Strichelung: Mon. Piot. 1909 (16 Taf. XIV; bloßer roter Streifen: Mon. ined. dell' Inst. Vol. VI VII Taf. XXXIII.

7 Hierzu vgl. man z. B. Graef: a. a. O. I, 43, Nr. 648 f. (Panzer) mit: a. gl. O. I, 40, 634 m.

8 Punktlinien. a) am unteren Rande: G. Akrop. Vas. I 34 35. 607 o. q., Taf. 36. 611 a; G. A. V. 104.; am Hals: G. a. a. O. Taf. 35, 607 q., an den Armlöchern: G. a. a. O. I, Taf. 36, 611 a, innerhalb der Brustspiralen: G. a. a. O I. 34, 607 o, 43, 648 f., innerhalb der Bauchumrißlinien: Graef: a. a. O. I. Taf. 36, 611 a, 43, 648 f.; G. A. V. 207, an der linea alba: G. A. V. 207.

9 Graef: a. a. O. I, Taf. 30, Nr. 606.

10 Furtwängler: Bronzen von Olympia Nr. 980 981.

Abb. 14. Sieveking-Hackl: Vasensammlung zu München. Abb.

an den Panzern vorkommende Plattierung oder Einlegearbeit (Tulamusterung) veranschaulichen. Entscheidung bringendes Material fehlt uns leider.

Zum Schutze des Halses findet sich bisweilen noch ein stehkragenartiger Ansatz[1], der rings um den Hals herumläuft. Das älteste griechische mir bekannte Beispiel bietet das schon mehrfach herangezogene Metallpanzerexemplar, das auf einer melischen Amphora[2] als Kampfpreis zwischen zwei kämpfenden Helden dargestellt ist. Aus der Zeichnung ist nicht klar zu ersehen, ob er ganz herumlaufend gedacht ist. Nach Analogiebildungen an späteren Beispielen ist es der Fall. Dieselbe Vorrichtung kehrt auch auf späteren Vasenbildern wieder, so auf der einen Wiener Duris-Schale[3]).

Man bezweckte natürlich damit, wie beim Lederpanzer, dem Gegner so wenig als möglich eine Blöße zu geben und einen Schutz für die zwischen Panzer und Helm befindlichen ungeschützten Partien herzustellen.

In den weitaus meisten Fällen werden die Metallpanzer entsprechend ihrem Material bronzefarbig ausgesehen haben, wobei natürlich immer damit zu rechnen ist, daß die Bronze je nach ihrer Zusammensetzung einige Schattierungen heller

1) Man vergleiche die später erscheinenden Ausführungen beim στέγασμα des Lederpanzers, wo auch eventuelle Vorstufen angeführt sind. Der Halsschutz war natürlich mit den beiden Schalen aus einem Stück gearbeitet. Jede der Schalen besaß die Hälfte des Halsschutzes.

2) Conze: Melische Tongefäße Taf. III.

3) F.-R. Taf. 54; Conze: Serie VI Taf. 1.

oder dunkler ausfallen kann. Ganz vereinzelt treffen wir auf Vasenbildern auch andere Tönungen. So zunächst ganz weiß gefärbte Schalen[1]). Es kann sich hier, womit wir bei Quellen zweiten Ranges immer zu rechnen haben, lediglich um eine Laune des Malers handeln, vielleicht tat er es bloß, um den Panzer koloristisch in seinem Bilde besser hervorzuheben. Ausgeschlossen ist es aber nicht, daß es sich um eine besondere, auch tatsächlich an der Rüstung vorhandene Ausstattung handelt. Man könnte dabei an ein Versilbern des Ganzen denken. Daneben treffen wir auf schwarzfigurigen Darstellungen auch mitunter einzelne Muskelpartien durch aufgesetztes Rot hervorgehoben (Abb. 14).[2]) Hiervon gilt das gleiche wie bei den weißen Exemplaren. Über die Frage, ob wir es in diesen Fällen etwa mit „θώραχες ποιχίλοι" zu tun haben, werde ich in dem Abschnitt über die allgemeinen Fragen handeln.

Bei der einige Abschnitte früher gegebenen Aufzählung der geometrischen Verzierungen erwähnte ich bereits die meist an den Rändern der Schalen, daneben aber auch auf der Harnischfläche vorkommenden Punktlinien. Es entsteht jetzt die Frage, welchem Zweck sie gedient haben mögen. Daß sie bloß zur Verzierung angebracht wären, möchte ich bezweifeln und lieber eine durch die Praxis benötigte Einrichtung darin erblicken. Was bedeuten dann diese Punktreihen? Darüber geben uns Bewaffnungsstücke verschiedener Bestimmung Auskunft. Wir treffen sie bei Metallwaffenteilen gern an den Rändern, so an den Helmen[3]), Schilden[4]), Beinschienen[5]), und erhaltene Stücke — bei Metallpanzern sind allerdings nur solche der jüngeren Form vorhanden[6]), diese Beispiele beweisen aber ganz in gleicher Weise den Zweck dieser Einrichtung — zeigen, daß diese in einem bestimmten Abstand vom Rande gleichmäßig verteilt hinziehenden Punktreihen nichts anderes bedeuten als Nietlöcher. Es muß demnach an dem Metallblech eine zweite Schicht aus anderem Stoff befestigt gewesen sein. Hierfür sind eine Reihe praktischer Gründe ins Feld zu führen.

Zunächst war ein derartig dünnes Metallblech, wie es zur Panzerherstellung verwendet wurde, kein hinreichender Schutz. Wollte man eine brauchbare Schirm-

---

1) G. Akrop. Vas. Taf. 30 Nr. 606, Taf. 36 Nr. 611a = W. V. Bl. 1888, Taf. IV 3d; F.-R. Taf. 121; Wiegand: Porosarchitektur, Textbd. S. 193 Taf. VIII (Hier Naturfarbe des Steines. Über angeblich rote Färbung s. a. a. O. S. 195). Vielleicht soll die weiße Farbe lediglich ein Ausdruck für die strahlende, reflektierende Erz sein. Allerdings kenne ich nur eine einzige Darstellung, die ähnlich erklärt wird: den Talos (F.-R. 38/39 Textbd. I S. 198).

2) G. A. V. 117/118; Abb. 14 = Sieveking-Hackl: Vasenslg. München I S. 65 Abb. 75 Taf. 21 Nr. 592; Milani: Mon. scelti di Firenze Taf. I Nr. 1; Br. Mus. Vas.: Katalog B II S. 1 Fig. 26 B 155. Die letztangeführten Vasen sind chalkidischer Fabrik. Hierzu sei eine Vermutung ausgesprochen. Die Panzer zeigen gewisse Abweichungen von den sonst üblichen, so die weiter oben schon angeführte schematische Inskriptionenangabe am Unterleib. Vielleicht haben wir es mit einer lokal-chalkidischen Spielart des Metallpanzers zu tun. Gut passen dazu die Nachrichten über Vorkommen von Kupfer und Eisen auf der Insel Euböa, sowie über die Fertigkeiten der Einwohner in Metallarbeiten. Vgl. Blümner: Die gewerbliche Tätigkeit S. 86 ff.

3) Punktreihen an Helmen: G. Akrop. Vas. I, 30, 606; G. A. V. 117/118.

4) Punktreihen an Schilden: G. a. a. O. I 34, 607o, 35, 607s; G. A. V. 258, 322, 323.

5) Punktreihen an Beinschienen: G. a. a. O. V. I, 30, 606, 33, 607c, 34, 607o, 36, 611a (= W. V. Bl. 1888 Taf. IV 3d), 611f; G. A. V. 107, 117/118, 213, 229, 258.

6) Z. B. Schumacher: Bronzen zu Karlsruhe 712.

waffe daraus machen, so mußte man es notwendigerweise verstärken, die Schalen innen mit einer zweiten widerstandsfähigen Schicht auskleiden, ausfüttern. Daß eine derartige Vorkehrung getroffen war, beweisen uns eben diese Nietreihen, die der Befestigung der inneren zweiten Schicht dienten. Sichtbar ist diese innere Masse nirgends auf den Darstellungen. Womit man ausfütterte, darüber lassen sich heute nur Vermutungen aussprechen, da nichts mehr von der Masse vorhanden ist. Möglich ist mehrerlei. Entweder Leder, das ja auch zum Auspolstern anderer Waffenstücke, so der Helme verwendet wurde.[1] Daneben kommt aber auch als möglich und sehr wahrscheinlich Filz oder in mehrfachen Lagen geschichtetes Leinen in Betracht. Beide Materien spielten in der antiken Panzergeschichte ihre Rolle. Über den Linnenpanzer soll, wie gesagt, anderen Orts gehandelt werden. Vom Filzpanzer sei nur der sogenannte „rote Rock" der Spartaner erwähnt.[2] Alle drei Stoffe können nebeneinander an den verschiedenen Orten gebraucht worden sein. Wahrscheinlich übertraf die innere Schicht die äußere um ein Mehrfaches an Dicke, so daß das Verhältnis wohl so lag, daß das Blech mit seiner Treibbarkeit nur gewissermaßen als oberste dünne Schicht auf der Unterlage ruhte, etwa ähnlich wie es bei den frühen Schilden der Fall ist, so z. B. bei dem des Sarpedon (Ilias M 294f).

Das Anbringen einer zweiten Schicht hatte zugleich den Vorteil, den Körper vor dem Wundscheuern zu sichern; denn die innere Materie war sicherlich fügsamer, nachgiebiger als das starre Metallblech und mehr einem Polster ähnlich.

Des weiteren war eine Ausfütterung der Metallschalen auch in anderer Hinsicht äußerst praktisch. In Griechenland ist die Wärme eine viel intensivere als in unserer gemäßigten Zone. Da die Metallschalen gute Wärmeleiter sind, die Wärme stark absorbieren, so hätte der Panzer ohne Innenschicht für den Träger sehr unbequem werden können. Die Einlage trat hier mildernd, einer Isolierschicht vergleichbar, ein.

Über dem Glockenpanzer trägt man bisweilen auch noch, wie die Vasenbilder lehren, ein Gewandstück, die Chlamys[3]. Das Gewand verdeckt ganz selten den größeren Teil des Panzers. Vielleicht trug man es auch nur, um die Sonnenstrahlen vom Metall fernzuhalten.

Unter dem Panzer treffen wir allermeist einen Chitoniskos[4]. Da, wie wir sahen, der Panzer im Inneren ausgefüttert war, wäre er entbehrlich gewesen. Dennoch fehlt er (auf den Darstellungen wenigstens!) verhältnismäßig selten[5] (Abb. 13).

1) Lederfutter gebrauchte man wohl namentlich in den jüngeren Perioden.
2) Über diese Gleichstellung von „rotem" Rock und Filzpanzer werde ich beim Linnenpanzer genauer eingehen.
3) G. A. V. Taf. 122/123, 266.
4) G. A. V. Taf. 2, 5, 31, 63; F.-R. Taf. 42, 111; G. Akrop. V. I, 43, 648f.
5) A. D. II 44; G. Akrop. Vas. I 30, 606, 34, 607o, 35, 607q, u, 36, 611a (= W.V.Bl. 1888 Taf. IV 3d). Man beachte, daß, von den beiden erstgenannten Beispielen abgesehen, an den übrigen durchweg diese Punktreihenangabe, die auf Ausfüttern schließen läßt, vorhanden ist. Hierin steht es beim Lederpanzer anders. Da hier eine isolierende Schicht fehlt, und das Leder leicht die Körperteile, wo es auflag, wundreiben konnte, so finden wir bei diesem Typus durchweg den Chitoniskos unter der Rüstung.

Über die Art, wie die beiden getrennt gearbeiteten Panzerschalen miteinander zu einem Ganzen verbunden wurden, geben uns die Darstellungen nichts. Das liegt ohne Zweifel an der beschränkten Ausdrucksweise der älteren Kunst und namentlich, was für uns hier in erster Linie in Betracht kommt, der schwarzfigurigen Malerei. Die beiden getrennt gearbeiteten Schalen stießen auf den Schultern wie an den beiden Seiten in ihrer ganzen Länge ane'nander. Denn daß etwa ein Stück der Unterlage, des Untergewandes oder gar des Körpers zum Vorschein käme, ist nirgends auf den Darstellungen der Fall. In einem früheren Stadium der Panzerentwicklung dagegen wird es (s. u.) anders gewesen sein. Der Verschluß fand auf den Schultern durch Scharniere, an den Seiten durch Verschnüren und in älterer Zeit durch Gürtel statt. Die Scharniere wurden durch Hineinstecken von Stiften (περόναι) miteinander verbunden, wie es uns Pausanias (S. 46) beschreibt.

Für den Glockenpanzer und dessen Verschluß führt zwar Daremberg-Saglio zwei Beispiele an. [D.-S., lorica S. 1304, Abschnitt VII, Abbdg. 4522 (= G. A. V. 219 u. Abbdg. 4523 (= Jahrb. 1893 (VIII) Taf. I); vgl. W. Reichel²: Homerische Waffen S. 65.] Zunächst gibt er eine attisch-schwarzfigurige Vase mit gepanzertem Krieger, dessen Panzerschalen an den Seiten nach unten auseinanderbiegen. So nimmt der Autor wenigstens an! Ich möchte diese geschwungenen, von Punktreihen begleiteten Linien eher für eine ungeschickt gegebene Bauchmuskelumrißlinie ansehen als für eine Andeutung dafür, wie die Platten aneinandersaßen. Den Beweis dafür liefert die genau gleiche, nur besser und deutlicher gezeichnete Partie bei dem unmittelbar gegenübersitzenden Helden. Somit scheidet dieses Beispiel von vornherein aus. Ebenso steht es mit dem anderen Vasenbilde, einer attisch-schwarzfigurigen Vase der Slg. Bourgignon. Hier läuft bei der Halsgrube beginnend eine ganz gerade, senkrechte Linie mitten über Brust und Bauch hinab, seitlich von einer Punktreihe begleitet. Demnach — könnte man dieser Zeichnung trauen! — wäre der Panzer nicht, wie aus den späteren uns erhaltenen Exemplaren hervorgeht, an der Seite, sondern mitten auf der Brust geschlossen. Die Zeichnungsweise des Malers ist äußerst salopp und ungenau. Man vergleiche unmittelbar daneben die ebenso großen Ungenauigkeiten. Aias hat sich neben, nicht in sein Schwert gestürzt. Die Stierprotome auf dem Schild desselben Kriegers, der den fraglichen Panzer trägt, sitzt ganz am Rande, statt in der Mitte. Der Maler hat, um deutlich zeichnen zu können, die seitlich gedachte Verschlußlinie mit der Bauchrandlinie der vorderen Mitte verquickt. (Vgl. noch Jahrb., Hauser p. 95. Er sagt, daß „dieser Mann lieblos heruntermalt“.) Also ist für eine sichere und deutliche Verschlußangabe aus diesem Bilde für uns nichts zu gewinnen.

Von einer aus den Epen Homers bekannten Panzerzutat habe ich bisher geschwiegen; ich meine den Gürtel, den ζωστήρ.¹) Der Grund liegt nahe genug, denn mit

---

1) Zum ζωστήρ vergleiche W. Helbig²: Das homerische Epos 1887, S. 288. Die in Betracht kommenden Homerstellen sind a. gl. O. S. 288 in Anm. 5 zusammengestellt. — Zum Zweck des Gürtels, Studniczka: Beiträge zur Geschichte der altgriechischen Tracht S. 67 ff. — Reichel²: Homerische Waffen S. 89 ff. Er kommt zu dem Schluß, daß „der ζωστήρ, wenn auch nicht zu den Waffen gehörig, doch ein notwendiges Kampfgerät ist“. Zu diesem Irrtum gelangt er — verstehe ich seine Ausführungen recht — dadurch, daß er die Homerstellen, wo zwar vom Gürtel, aber nicht vom Metallpanzer die Rede ist, herausgreift. Er verkennt die

Sicherheit läßt sich ein wirklich vorhandener Gürtel auf den Darstellungen[1]) nicht nachweisen. Dagegen glaube ich ihn in seinen Nachwirkungen noch erkennen zu können. Von den auf den uns vorliegenden Monumenten gegebenen Zierstreifen am unteren Panzerteil habe ich bereits weiter oben gesprochen. Helbig sieht in ihnen Angabe wirklicher Gürtel. Ich dagegen glaube, es handelt sich lediglich um ornamentale Motive, um Zierstreifen. Sie laufen ununterbrochen herum, (während, wie ich beim Linnenpanzer zeigen werde, doch wenigstens einmal eine Verschluß-linie, ein Ende sichtbar werden müßte). Sie sind aber die ornamentalen Überbleibsel des früher an dieser Stelle tatsächlich angebrachten Gürtels. Es sind demnach nur die verzierenden Elemente des Gürtels geblieben, während er selber geschwunden ist. Aber wir können noch einen Schritt weiter gehen. Helbig meint: „Eine stän-dige Beigabe des ehernen Panzers war der ζωστήρ genannte Gürtel." Demgegen-über ist anzuführen, daß die Zahl der Beispiele, wo derartige ornamentale Angaben vorhanden sind, im Vergleich zur Gesamtzahl von Metallpanzerwiedergaben, ver-schwindend gering ist. Das kann kein Zufall sein, liegt vielmehr darin begründet, daß bereits in jener Epoche, in die unsere ältesten Monumente zurückreichen, der Gürtel keineswegs mehr allgemein üblich, sondern bereits im Aussterben begriffen war. Ich denke mir die Sache ähnlich wie bei den Oberschenkelschienen (s. Abdg. 13),[2]) die zuletzt ja auch nur ganz schematisch-unverstanden angedeutet wurden. Die Begründung dafür, daß der Gebrauch des Gürtels bei Metallpanzern abkommt, ist wohl in der ganzen Entwicklung dieses Panzertypus zu suchen. Der Panzer wird jetzt so gefertigt, daß die Schalen in ihrer ganzen Ausdehnung seitlich anein-anderschließen, während das in einer früheren Phase seiner Entwicklungsgeschichte keineswegs der Fall war (s. u.). In der älteren Periode brauchte man den Gürtel, um das Ganze zusammenzuhalten, jetzt traten andere Verschlußvorkehrungen (s. d.) an seine Stelle und verdrängten ihn vollständig, so daß er auf den Panzerdarstel-lungen der jüngeren Reihe nirgends mehr nachzuweisen ist.

Aus den voranstehenden Zusammenstellungen geht hervor, daß wir zwischen rund 700 und 500 auf den Monumenten eine Metallpanzerform antreffen, die nach ihrer äußeren Gestaltung kurzweg als „Glockenpanzer" bezeichnet sein mag. Diese Metallrüstung zerfällt in zwei getrennt voneinander gearbeitete Schalen (γύαλα), die noch nicht in ihrer ganzen Flächenausdehnung an die bedeckten Körperteile an-schließen, vielmehr meist nur oben auf den Schultern aufliegen, dann, — und das namentlich an der Brustseite — sich ziemlich wölben, um darauf in der Taille wieder

mehr allgemeine Bedeutung des Gürtels, der — und hierin hat er natürlich recht — nicht nur am Panzer aus Metall, sondern auch an anderen Typen, so am „Linnenpanzer", daneben aber auch am Chiton Verwendung findet, also ein vielfach gebrauchter Gegenstand ist. Wird demnach bei Homer, dessen Vorstellungen ja nicht immer klar, oft sogar recht verwirrt sind, ein ζωστήρ aber kein Panzer genannt, so ist das durchaus möglich. Weil man aber den Gürtel so verschiedenartig gebrauchte, so verband sich für die Alten damit ein ganz bestimmter Be-griff, eine bestimmte Anbringungsstelle. Und dies benutzt der Dichter dann dazu, um seinen Hörern wie Lesern klarzumachen, wo z. B. eine Verwundungsstelle zu suchen ist. — Robert: Studien zur Ilias S. 35.

1) Auf die Gürtelform und seine Verzierungsmotive werde ich beim Linnenpanzer des näheren eingehen.

2) Furtwängler: Olympia III S. 160 Nr. 996; F.-R. Textbd. I S. 228.

aufzuliegen. Der untere Rand biegt vom Körper schräg, dachartig ab. Wir haben
gefunden, daß die Vasenmaler, um deutlich zu sein, häufig stark übertreiben, und
daß die Reliefs wie die Bronzen uns wohl die richtigere Panzerform vermitteln. Die
Schalen — miteinander durch Scharniere oder Verschleifung verbunden — bilden die
Körpermuskulatur nach. Dies geschieht dem Charakter der archaischen Epoche
entsprechend in schematisch-ornamentaler Form, nur die Hauptpartien andeutend.
Der Brustkorb wird durch zwei jederseits an den Armlöchern beginnende Linien charakterisiert, die sich entweder auf der Brust ornamental zu Spiralen nach oben hin
einrollen oder in realistischer Weise nur durch zwei nach unten geschwungene, dem
Brustkorbrand entsprechende Bogenlinien, die sich auf der Körpermitte treffen. Selten
kommen weitere Angaben wie Brustbeineinsenkung und Brustwarzen vor. Im
unteren Teil der Brustschale deutet eine Linie in Omegaform die Umrißlinie des
geraden Bauchmuskels an. Weitere Angaben wie *linea alba* oder Inskriptionen
sind selten. An der, wie es die Natur des Rückens ja fordert, platter gestalteten
Rückenschale beschränkt man sich meist auf die Wirbelsäullinie und eine Abgrenzung der Schulterblattpartien. Das ist aber auch alles! Die Schalen sind in den
Hauptformen getrieben, die feineren geometrischen Ornamente sind wohl meist
dann durch Gravierung hervorgebracht.[1]) Der untere wagerecht abschneidende, abstehend gebildete Rand zeigt rein geometrische Zierstreifen. Hierin erblicke ich
die letzten Reste des einst an dieser Stelle angebrachten Gürtels, wenn nicht der
Maler in den wenigen vorhandenen Fällen überhaupt nur analog den an den Kleider-
rändern angebrachten Ziersäumen ein ornamentales Abschlußband geben wollte.
Gleiche Verzierungen kehren am Halsrand wieder. Einen Teil der ornamentalen
Punktlinien, die vornehmlich an den Rändern auftreten — diese in gleichmäßigem
Abstand begleitend — aber bisweilen auch an den Brustspirallinien, der Omega-
linie, wie der *linea alba* (also im Inneren der Schalenfläche!) vorkommen, erkannten
wir als Nietreihen und kamen zu der Anschauung, daß der Harnisch im Inneren
mit einer zweiten Schicht (Filz, Linnen oder Leder) ausgekleidet gewesen sein muß,
daß wir es also demnach mit einer aus verschiedenem Material kombinierten Panzerform zu tun haben. Für ein Ausfüttern im Inneren sprach auch die mehrfach an-
getroffene Art des Tragens: auf dem nackten Körper, etwas, was gerade bei bloßem
Metall wegen des Wundreibens sonst kaum als möglich anzunehmen ist. Daneben fanden wir bedeutend häufiger einen Chitoniskos unter dem Panzer, bisweilen auch ein
Mäntelchen darüber. Wahrscheinlich schloß sich der Panzer im Laufe seiner Entwicklung immer enger an den Körper an, verlor also mehr und mehr seine haupt-
sächlich vorn stark gewölbte Bildung. Der Gürtel ist in unserer Epoche bereits
vollkommen zurückgedrängt und nur noch, wie oben angedeutet ist, in Nachklängen
nachweisbar.

Besonders zu unterstreichen ist hier noch das nahezu gänzliche Fehlen dieser
älteren Metallpanzerform[2]) auf ionischen Monumenten und im Gegensatz hierzu

---

1) Curtius: Abhandlung der Akad. der Wissenschaften in Berlin 1878 S. 1—32.
2) Er kommt selten vor, so B. C. H. 1893 (17), Pl. XVIII, S. 428 Fig. 3; Catalogue of
Vases in the Br. Mus. Vol. II B. 59 Pl. II (Caeret. Hydria). Da diese Vasenklasse wohl sicher
in Etrurien gefertigt ist, kann hier sehr wohl schon etruskischer Einfluß vorliegen.

seine Verbreitung in Griechenland, vor allem auf dorischem Gebiet. Daß wir ihn in Athen eindringen sehen, hat nichts Verwunderliches. Zunächst die Nachbarschaft des Peloponnes, dann aber ist ja auch bekannt, wie diese Stadt von allen Seiten her, was gut war, übernahm und dies — das sei vorgreifend angeführt — wie in so vielen Dingen so auch hier, mit ihrem Geist durchdrang und weiter ausbildete.

3. GRUPPE II: VERBESSERTER GLOCKENPANZER

Rund um 500 herum schneiden die Darstellungen mit einfachen Glockenpanzern, wie sie im vorhergehenden Abschnitt beschrieben sind, ab und verschwinden. An ihre Stelle treten neue verbesserte Typen. Zunächst zeigt dies eine Gruppe von Monumenten, die gewissermaßen eine Zwischenstufe zwischen dem „einfachen" Glockenpanzer und dem späteren, endgültigen Typus, dem „ausgeprägten Muskelpanzer" mit Hüftlinienabschluß, bilden. In der Schalenform ähneln sie noch mehr oder weniger stark den älteren Glockenpanzern. Die Schalen selber lassen immer weniger

Abb. 15. Nach Furt-wängler-Reichhold: Griech. Vasenmalerei. Mit Genehmigung der Verlagsanstalt F. Bruckmann, München. Taf. 34.

Spielraum zwischen sich und dem Körper, passen sich vielmehr im Laufe der Jahrzehnte immer genauer an den Körper und seine Formen an. Ihre Modellierung jedoch zeigt bedeutende Fortschritte und kommt in der Genauigkeit der endgültigen Bildung bereits sehr nahe, ja mitunter gleich. Einige dieser Exemplare weisen bereits am unteren Rande Pterygesansatzstreifen auf. Zeitlich fallen die Beispiele in die Epoche 490—420. Keines reicht ins 6. Jahrhundert hinauf, aber auch keines ins 4. Jahrhundert hinab.

Auch diese Zwischenstufen oder Übergangsbeispiele lassen sich in zwei Unterabteilungen scheiden. Die ältere Gruppe bilden Darstellungen auf rotfigurigen Vasenbildern[1] strengen Stiles und sind noch ziemlich unvollkommen, wenn auch gegenüber dem älteren Glockenpanzer fortgeschritten.

Die jüngere Gruppe gehört etwa dem zweiten Drittel des 5. Jahrhunderts an und ist in der Muskulaturbildung bereits vollkommen auf der Höhe. Sie unterscheidet sich von dem gleichzeitig nebenhergehenden jüngeren Typus, dem ausgeprägten Muskelpanzer, lediglich durch den unteren Abschluß, der, im Gegensatz zu der dort üblichen geschweiften Form, hier noch annähernd wagerecht verläuft. Derartige Beispiele bieten eine weißgrundige att. Lekythos[2]), der Parthenonfries[3]), endlich das Nereidenmonument[4]). s. Anmerkung S. 20.

1) F.-R. Taf. 74 = Abb. 15, 106 = Abb. 16; G.A.V. 176 = Abb. 17, 201, 203; Masner: Slg. antiker Vasen zu Wien S. 54 Fig. 29 Nr. 346.

2) Murray-Smith: White Athenian Vases Pl. IX.

3) Smith: The Sculptures of the Parthenon Pl. 61, 63, 67, 77 (Nr. 26). Dagegen ist wohl die Hüftlinie gemeint Pl. 77 Nr. 29. Man könnte zunächst schwanken, ob hier nicht doch Beispiele des jüngeren Typus gemeint seien, aber ein Vergleich beseitigt diese Bedenken. Man betrachte zu diesem Zweck das Vasenbild bei Gerhard, A.V. 189, wo wir ebenfalls einen Krieger nicht von vorn, wie es sonst der Fall zu sein pflegt, sondern von der Seite sehen, entsprechend unseren Parthenonreitern. Auf dem Vasenbilde ist das tiefere Herabreichen der vorderen Panzerschale in der Mitte ganz deutlich gemacht. Ich ziehe daraus den Schluß, daß, hätten die Meister des Parthenonfrieses solche Panzer mit geschwungener Abschlußlinie zur

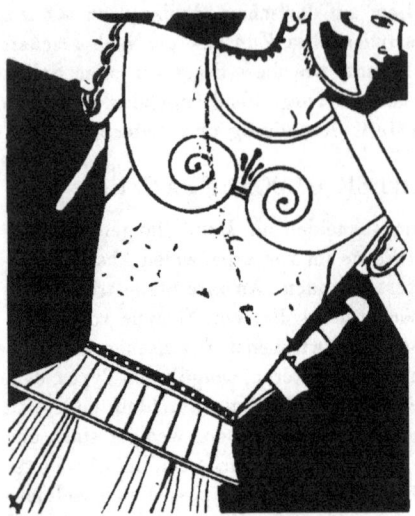

Abb. 15. Nach Furtwängler-Reichhold. Griechische Vasenmalerei. Taf. 106. Mit Genehmigung der Verlagsanstalt
F. Bruckmann, München.

Der Brustkorb wird zuweilen noch in der schon bei der Gruppe I (älterer Glockenpanzertypus) vorgefundenen Art durch von der Armhöhle her kommende, ornamental in Spiralen endigende Linien charakterisiert.[1]) Bisweilen taucht zwischen den Voluten eine durch Parallellinien hergestellte Verbindung und darüber eine ornamental-dekorative Palmette auf.[2]) Neben dem Spiralmotiv haben wir an den jüngeren Beispielen aber ebenfalls eine einfachere, der natürlichen Brustbildung entsprechende, geschweifte Linie für den Brustkorbrand.[3]) Der gerade Bauchmuskel erscheint in vier[4] und daneben auch schon in sechs[5]) Flächen eingeteilt; seitlich ist der Sägemuskel mit seinen Absatzlinien angedeutet. Bei dieser Monumentegruppe treten demnach zuerst die der Wirklichkeit entsprechenden Inskriptionslinien auf.[6]) Einmal findet sich auch Angabe der Brustwarzen[7]).

Auch Darstellungen der Rückenschale[8]) gibt es. Entsprechend den die Brustmuskulatur andeutenden Spirallinien bringt man solche in gleicher Weise am Rücken an, um den die Schulterblätter umgebenden Muskelkomplex (Kapuzen-, Untergräten-, Arm-Muskel) zu charakterisieren. Der Verlauf der Wirbelsäule ist ebenfalls angegeben. Gewellte Linien jederseits der Wirbelsäule sollen dann den breiten Rückenmuskel sowie den äußeren Bauchmuskel — allerdings in einer sehr schematisch-summarischen Weise — zum Ausdruck bringen.

Am unteren leicht abgebogenen Rand treffen wir nur noch einmal den uns

Darstellung bringen wollen, wie es ja auch bei einigen Beispielen der Fall ist, so hätten sie das auch hier sehr gut andeuten können. Aber sie hatten vielmehr die Absicht, die Metallpanzer mit annähernd gerader, wagerechter unterer Abschlußlinie zu geben. Nach hinten zu ist allerdings mehrfach eine kleine Senkung der Schale deutlich bemerkbar.

4) Br. Br. Taf. 202. Hier ist jedoch bereits eine leichte Senkung an der Vorderschale vorhanden.

1) F.-R. Taf. 74, 106 (= G.A.V. 201, 203); Masner: a. a. O. S. 54 Fig. 29 Nr. 346.

2) F.-R. Taf. 106. Daß eine Palmette gemeint ist, ist aus diesem Beispiel allein noch nicht ganz deutlich zu ersehen. Der Vergleich mit den an der gleichen Stelle der ausgeprägten Muskelpanzer vorkommenden Palmetten macht das aber sicher.

3) S. S. 19a. 2 u. 3. Zur realistischen Linienführung s. S. 5. Die Spirale war demnach erst eine jüngere Spielerei, bezeichnend für die dekorative Art des archaischen Stils.

4) F.-R. Taf. 106 (= G.A.V. 201); Masner: a. a. O. S. 54, Fig. 29 Nr. 346.

5) F.-R. Taf. 74 (nur die rechte Hälfte zu sehen, da das übrige vom Schilde verdeckt wird) = Abb. 15.

6) Die Angabe der Inskriptionen auf den archaischen Vasenbildern ist mehr schematisch, als der Wirklichkeit entsprechend.

7) S. 19 Anm. 2.   8) G.A.V., Taf. 203.

schon von Gruppe I her bekannten geometrischen Zierbandschmuck[7]) (s. o. S. 12 u. 16/17) in Gestalt eines Kymationfrieses.

Der untere, etwa wagerecht umlaufende Rand ist bei den älteren Exemplaren noch ziemlich stark abstehend gebildet, so bei dem Brüsseler Duris-Kantharos[1]), auch noch bei der erwähnten weißgrundigen att. Lekythos[2]). Dagegen ist die Tendenz zu bemerken, ihn — wohl unter dem Einfluß des ausgeprägten Muskelpanzers — allmählich ganz verkümmern und verschwinden zu lassen.[3]) Das hängt nicht unwesentlich mit der Anbringung der Pteryges, beweglicher Lederklappen, zusammen. Einige Beispiele weisen am unteren Rande Pterygesansatz auf.[4]) Über die Herkunft und Anbringung der Pteryges am Metallpanzer wird bei dem Kapitel „Ausgeprägter Muskelpanzer" ein besonderer Abschnitt handeln.

An der schon mehrfach erwähnten weißgrundigen Lekythos[5]) ist 7—8 mm links von der Rückenlinie des Panzers eine gerade, z. T. jetzt verschwommene Linie wahrzunehmen. Muskelangabe kann das nicht sein. Ich halte es daher für eine Andeutung der Stelle, wo seitlich — und auch dazu stimmt die Gegend — die beiden Schalen aneinanderstoßen: für die seitliche Verschlußlinie. Ob noch eine weitere Angabe, wie die Schalen miteinander verkoppelt waren, vorhanden war, läßt sich infolge der Zerstörung heute nicht mehr erkennen. Vielleicht gibt das Original mehr als die Reproduktion.

In Gruppe II sind, wie schon eingangs betont ist, verschiedenartig ausgestattete Metallpanzer aus der Zeit 490—425 v. Ch. unter der Bezeichnung „verbesserter" Glockenpanzer vereinigt. Gruppe I war in sich geschlossen, ebenso steht es mit dem ausgeprägten Muskelpanzer der gleich zu behandelnden Gruppe III. Da unsere Beispiele sich weder mit der einen noch mit der anderen Gruppe vollkommen in Einklang bringen lassen, schied ich sie aus. Sie sind zu einer Sondergruppe zusammengestellt. Von ihr ein einheitliches Bild zu geben ist insofern schwierig, als die einen Beispiele mehr Charakteristika des Glockenpanzers, die anderen mehr solche des ausgeprägten Muskelpanzers aufweisen. So haben wir neben der den Brustkorb andeutenden Doppelspirale auch Bilder, wo der Brustkorbrand völlig richtig angegeben ist. Neu ist

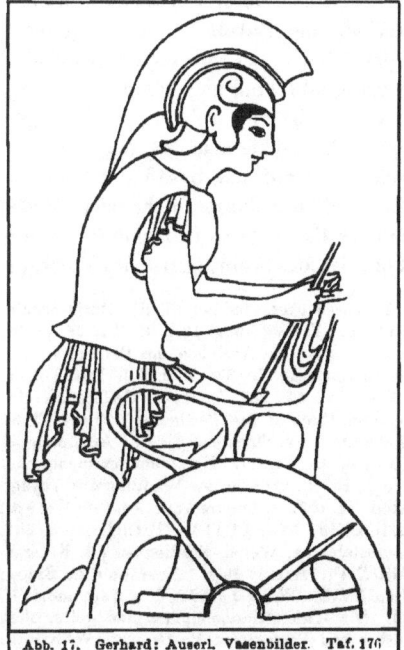

Abb. 17. Gerhard: Auserl. Vasenbilder. Taf. 176

1) F.-R. Taf. 74; ferner 106 = G. A. V. 201.
2) S. 19 a 2.
3) G. A. V. 176, dann an den angeführten Parthenonbeispielen.
4) F.-R. Taf. 74 (zwei Reihen) = Abb. 15; Masner, a. a. O. S. 54 Fig. 29 Nr. 346 (eine Reihe).
5) S. 19 A. 2.

die genaue Charakterisierung des Sägemuskels und die Einteilung des Bauchmuskels durch Inskriptionslinien bald in vier, bald in sechs Felder. Bei den älteren Beispielen haben wir noch den abstehenden unteren Rand, ja einmal finden wir auf ihm auch den uns schon von Gruppe I her bekannten Ziersaumstreifen. Es macht sich aber eine Verkümmerung dieses Panzerteiles bemerkbar, die schließlich bei den jüngsten Beispielen dieser Gruppe (am Parthenonfries) zu einem vollständigen Verschwinden führt. Als neue und zwar von anderen Panzerungsarten, dem Ledersowie dem Linnenpanzer, herübergenommene Zutat tauchen vereinzelt die Pteryges, der untere aus beweglichen Klappen bestehende Verlängerungsansatz auf. Einmal war eine seitliche Verschlußlinie sichtbar, aber nicht die Art und Weise der Sicherung. Die Platten gewinnen eine größere, mehr der Gesamtfläche des Rumpfes entsprechende Ausdehnung. Manche der neu zu verzeichnenden Einzelheiten mag auch die neue Malweise, die ausdrucksfähigere Rotfigurentechnik, nur genauer geben, während es dem in seinen Mitteln beschränkteren Schwarzfigurenstil zwar auch schon bekannt, aber nicht oder nur schlecht darstellbar war. Soviel zu den Übergangsbeispielen.

4. GRUPPE III: DER AUSGEPRÄGTE MUSKELPANZER MIT GESCHWEIFTEM HÜFTLINIENABSCHLUSS

Der ausgeprägte Muskelpanzer[1]) unterscheidet sich von dem Glockenpanzer und den Beispielen der Gruppe II namentlich in seinem unteren Abschluß. Endete letzterer in der Höhe oder nur wenig unterhalb des Nabels in einer wagerecht abschließenden Linie mit ebenso verlaufendem Rande, so gab man den Schalen jetzt eine sich mehr dem unteren vorderen Rumpfabschluß angepaßte Gestaltung, indem man den unteren Rand auf der Brustseite mehr und mehr so geschwungen auslaufen ließ, wie die Hüftlinie es vorzeichnete. So deckte man den ganzen Unterleib. Auch die Rückenschale ließ man weiter bis auf das Gesäß herabreichen. (Vorstufen fanden wir am Parthenon.) Hier läuft der Panzer mehr oder minder stark gerundet aus, wie es z. B. der Pergamener Panzertorso in Rundplastik vortrefflich zeigt. Ein anderes Charakteristikum ist das Anbringen eines Pteryges-

1) Vgl. a) die Vasen: W. Fröhner: Choix de Vases grecs inédits Pl. III (Duris-Schale, ältestes nachweisbares Beispiel) = W. V. Bl. Ser. VI, Taf. VII. = Abdg. 18. F.-R. Taf. 28, 75, 76, 118. B. I Textbild S. 128/129 (hier sieht man deutlich aus dem Abstehen des Panzers an den Schultern und Armhöhlen, daß ein starrer Panzertyp vorliegt), S. 132; Mon. dell' Inst. Vol. X, Taf. LXIVa. Millingen, Taf. XLIX und LV; G. A. V. Taf. 46, 189; Zannoni: Certosa die Bologna Taf. XI Nr. 3. b) Skulptur: Smith: The Sculptures of the Parthenon (Frieze Pl. 52 rechts) Pl. 77 Nr. 29, nur ganz schwache Ausschwingung. v. Stackelberg: Der Apollotempel von Bassae: T. XXIII; Benndorf, Gjölbaschi: Taf. IX ff; Br. Br. Taf. 207; Nereidenmonumentgiebel 518; Mon. ined. dell' Inst. Vol. X Taf. XIII D$_8$, XVe$_{31}$; Br. Br. 546; Le Bas-Waddington: Voyage arch. Mon. fig. Pl. 49 Nr. II; Photographie Giraudon Nr. 1022 = Louvre 129; Ausonia V (1910) Taf. II; Conze: Attische Grabreliefs: z. B. Tfbd. II CXLI, CCI, CCXLV; Textbd. III, S. 281, Nr. 1301; Br. Br. Taf. 356; Zur Bemalung der Grabstelen, s. Wenz, Studien zu att. Kriegergräbern, Diss. 1913, S. 84. Magnesia, Taf. XIII/XIV; Hamdy-Bey, Nécropole de Sidon: Pl. XXXVII 1; Milet II, Taf. XV; Pergamon III$_2$ XVII; XXXVI 1; XXXV 1; Pergamon VII, Taf. XXX = Ath. Mittg. 1902 B. XXVII S. 152 153. Die Waffenfriesexemplare sind weiter oben schon zusammengestellt. — Römisch z. B.: Augustus von Primaporta Br. Br. 490; W. Helbig: Führer durch Rom B. 1 Nr. 5. Abb. 34.

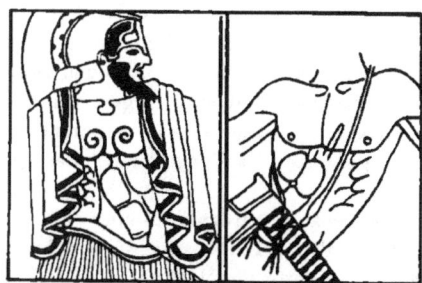

Abb. 18. Nach Vorlegeblätter Ser. VI, Taf. VII. Links
Menelaos im Panzer, rechts Hektor, ohne Gewandung.
(Beide Figuren stammen von dem gleichen Gefäß.) Man
vergleiche die Muskulaturangaben bei Panzer und Körper.

schutzes am unteren Ende, der bis auf die Hälfte der Oberschenkel herabreicht. Es kommen, wie wir sehen werden, auch analog dem Beispiel von Pergamon, zu allen Zeiten etwa in gleicher Anzahl, Beispiele vor, denen ein solcher verlängerter Abschluß fehlt. Diese bestehen also nur aus den beiden Schalen.

Ein weiteres Merkmal besteht darin, daß der Panzer nicht mehr (wie in älterer Zeit) vom Körper mehr oder weniger absteht, sondern eng an die einzelnen Körperformen anliegend, den einzelnen Muskeln in Größe, Ausdehnung, Formierung entsprechend gearbeitet wird.

Endlich viertens, und dieses Charakteristikum resultiert aus dem vorhergehenden, gibt man dem Panzer, damit er sich gut den Körperformen anpaßt, auch äußerlich die möglichst genaue Gestaltung der darunterliegenden Muskelpartien, wovon auch die ganze Form ihren Namen „Muskelpanzer" — zuerst braucht O. Benndorf, soweit ich sehen kann, diese Bezeichnung[1] — erhalten hat.

Im 5. Jahrhundert schließen einfach die zwischen Hals- und Armlöchern stehengebliebenen Brücken aneinander und sind durch Scharniere auf der Achselhöhe verbunden. Im Laufe des folgenden Säkulums ersetzt man diese Sicherung häufig durch Schulterklappen, wie wir sie am Lederpanzer haben. Sie geben einen sichereren Verschluß als die im 5. Jahrhundert übliche Art.

Zum Schutze des Halses kehrt der schon am Glockenpanzer nachgewiesene Halsschutz, der jetzt immer kragenförmig ganz herumläuft, wieder.[2]

Einzeldarstellungen von ausgeprägten Muskelpanzern kommen auf Vasenbildern mehrfach vor; aber auch hier, wie bei den älteren Typen, immer von vorn gesehen, beide Schalen vereint, nie eine allein.[3]

Diese neue Gestaltung des alten Glockenpanzers ist zuerst nachweisbar auf einer Duris-Schale.[4] Häufiger kehrt der Typ auf Darstellungen unter polygnotischem Einfluß wieder In der Skulptur trifft man den Muskelpanzer erst im dritten Viertel des 5. Jahrhunderts am Parthenonfries. (Hier wohl durchweg ohne vollständig ausgesprochenen Hüftlinienabschluß.) Dann haben wir ihn an zahlreichen Reliefs, die z. T. schon in das 4. Jahrhundert zu datieren sind, am Nereidenmonu-

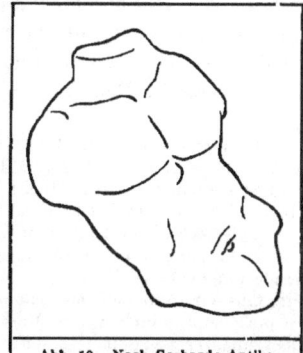

Abb. 19. Nach Gerhard: Antike
Bildwerke. Taf. 31.

1) Benndorf-Niemann: Das Heroon von Gjölbaschi-Trysa (1889) S. 116 Abschnitt 6.
2) Z. B. an den Waffenfriesexemplaren.
3) Einzeldarstellungen von Panzern dieser Art. F.-R. Taf. 89 u. 109, Textbd. II S. 257 Abdg. 90. = Gerhard: Antike Bildwerke Taf. 31 = Abb. 191.
4) s. S. 22 A. 1 = Abb. 18.

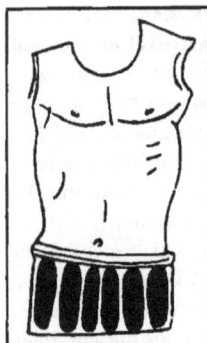

Abb. 20. Nach Pellegrini:
Museo Civico di Bologna,
Katalog, Fig. 102, Nr. 338.

ment, am Heroon von Gjölbaschi. Im 4. Jahrhundert geben ihn attische Grabreliefs. Später haben wir ihn an dem einen Sarkophag aus Sidon, in Magnesia a./M., in Milet und zahlreich in Pergamon. In römischer Zeit wird er gern von den Imperatoren getragen (Augustusstatue von Primaporta).

Auch hier wird es gut sein, die Form der Schalen getrennt zu betrachten.

Die Brustschale[1]) ist genau der Körperwölbung entsprechend gebogen. An ihrem oberen Ende besitzt sie drei halbkreisförmig gerundete Ausschnitte für Hals und Arme. Um den Armen größere Bewegungsfreiheit zu geben und auch, um sie vor Verletzungen zu schützen, ist mitunter der Rand nach außen, vom Körper abstehend, gebildet.[2]) Mit ihrer ganzen Fläche liegt die Schale fest auf. Unten schließt sie nicht wie beim älteren Typus und den Übergangsbeispielen wagerecht ab, sondern folgt dem Hüftabschluß, der sog. „Weichenlinie", ist also wie jene geschweift.[3]) Diese Bildung der Schale hat den Vorzug, daß der ganze Unterleib geschützt wird, ohne dabei den Träger in seiner Bewegung (so am Ausschreiten) zu hindern: denn mit der Hüftlinie hört ja die Metallplatte auf. In der Länge mußte sie demnach genau der Körperform entsprechend gearbeitet sein, sollte sie nicht dem Krieger hinderlich werden, denn jeder Zentimeter zuviel in der Länge verringerte die Brauchbarkeit der Rüstung.

Sehr selten bekommen wir auf Monumenten eine Rückenschale zu sehen. Am besten studieren wir ihre Ausdehnung an zwei aus Pergamon stammenden plastischen Werken, dem Panzertorso[4]) und dem einen Kämpfer[4]) des Gigantomachiefrieses. Am oberen Rande hat er für Hals und Arme drei halbkreisförmige Ausschnitte. Die Schale liegt in ihrer ganzen Ausdehnung fest auf dem Rücken und dessen Verlängerung auf; denn unten schließen sie auf den Glutäen nicht wie beim Glockentyp wagerecht, sondern leicht nach unten ausgeschweift ab. Die untere Ausbiegung der Rückenschale ist bei weitem nicht so stark wie vorn an der Hüftabschlußlinie. Das ergibt sich ja auch aus der ganzen Körperbildung. Auf den Schultern und an den beiden Seiten stoßen die beiden Hälften ebenfalls in der ganzen Längsausdehnung zusammen. Von dem Verschluß wird weiter unten die Rede sein.

1) Brustschale. F.-R. Taf. 28 = Abb. 25, 75 76, 118 = Abb. 27; B. 1 S. 132, S. 128/129 = Abb. 23 S. 132 = Abb. 24. Millingen Taf. XLIX, LV. Mon. dell' Inst. Vol. XI, Taf. XIV. Gardner: Ashmolean Mus. Pl. XII. Conze: Att. Grabreliefs II, CXLI. CCI, CCXLV. Pergamon VII, Taf. XXX = Ath. Mittlg. B. XXVII, 1902, S. 152 153.

2 Abstehen des Panzers an den Armhöhlen. F.-R. B. I, S. 128 129 = Abb. 23.

3 In ganz wenigen Fällen zeigen auch Vasenbilder mit ausgeprägter Muskulatur eine gerade untere Abschnittslinie, so Masner: Wiener Vasenkatalog, S. 54, Fig. 29, Nr. 346. Pellegrini mus. civico di Bologna, Catalogo dei vasi 1912 S. 171, Fig. 102, Nr. 338 = Abb. 20. Diese Beispiele sind, obschon ihre Muskulatur gut durchgeführt ist, zu der Gruppe „verbesserter" Glockenpanzer zu rechnen, s. dort.

4 Rückenschale. Pergamon VII, Taf. XXX = Ath. Mittlg. Bd. XXVII 1902, S. 152 153. Pergamon III$_2$, Taf. XVII. Textbd. III$_2$, S. 71.

Beginnen wir mit der Be-
trachtung der Brustschale. Zunächst der Brustkorb! Gegen
die Rippen und den Bauch hin
ist er durch von den Armhöhlen her laufende Linien deutlich abgesetzt. Bei Vasen, die
noch dem älteren Typus folgen, rollen sich diese Linien
auf dem Brustmuskel spiral-
förmig[1] ornamental ein, und
über den Spiralen erhebt sich
wie bei den Grabrelief bekrö-
nungen eine schmückende Palmette, die sich bisweilen auch
auf den Schultern findet.[2] Die

Abb. 21. Nach Pergamon VII. Taf. XXX. Vergleiche die wirk-
liche Körpermuskulatur von Abb. 22.

realistischeren Darstellungen lassen Volute und Palmette fort, die geschwungenen
Linien dagegen zusammenlaufen und dann nach oben umbiegen, um das Brustbein zu kennzeichnen. Mitunter gehen die beiden Linien nach der Halsgrube zu
ein Stück[4] nebeneinander her, um die Einsenkung des Brustbeins deutlicher
hervorzuheben. Die Brustwarzen sind meist durch einen Kreis[5], oder Kreis mit ein-
beschriebenen[6] oder umgebenden[7] Punkten zur Darstellung gebracht.

An den Originalen waren die Brustwarzen wahrscheinlich, wie wir es an Erz-
statuen häufig antreffen, aus andersfarbigem Material eingelegt oder aufgesetzt, um
sie besonders hervorzuheben. Die sehnigen Ansätze des großen Brustmuskels an
das Brustbein sind mitunter durch zwei oder drei wagerechte, parallel verlaufende
Linien gekennzeichnet.[8] Unter dem Brustkorb wird an den Seiten der Sägemuskel[9]
in seiner charakteristischen Formation richtig dargestellt (so Abb. 23/24). Der gerade
Bauchmuskel[10] zerfällt durch trennende einfache, doppelte oder mit verdünnter

1) Millingen Taf. XLIX, LV Gardner: Ashmolean Museum Pl. XII; F.-R. I, Textbild,
S. 128 129. Compte rendu pour 1864, Taf. IV

2 Millingen: Peintures de vases grecs, Pl. XLIX.
Das Vorkommen von Palmetten an dieser Stelle, wurde
schon bei den Übergangsexemplaren festgestellt (s. S. 20
ist also hier nichts Neues.

3 F. R. Taf. 28, 75 76, 118, Textbild B. I, S. 132.
Mon. dell'Inst Vol. XI, Taf. XIV; Zannoni: Certosa di Bologna,
Taf. XI, Nr. 3.

4 F. R. Taf. 118. 5 F.-R. Taf. 75 76, 118.

6 Monumenti XI, Taf. XIV; F. R. 28.

7 F. R. I Text S. 132: Kreis mit Punkt im Innern
und umgebenden Punkten: Zannoni: Certosa di Bologna
Taf. XI. Nr. 8 F. R. Taf. 28, 75 76, 118; Text I S. 132.

9 Sägemuskel. F. R. Taf. 28, 75 76, 118, Text B; I
S. 132; Zannoni a. a. O., Taf. XI. Nr. 3. Millingen; Taf.
XLIX. Mon. dell' Inst Vol. XI, Taf. XIV

10 Gerader Bauchmuskel. F.-R. Taf. 28, 75 76, 118;
Mon. dell' Inst. XI, Taf. XIV Doppelte Trennungslinien fin-

Abb. 22. Nach Pergamon III₂, Taf. XVI
und Taf. VI. Zum Vergleiche mit Fig. 21.

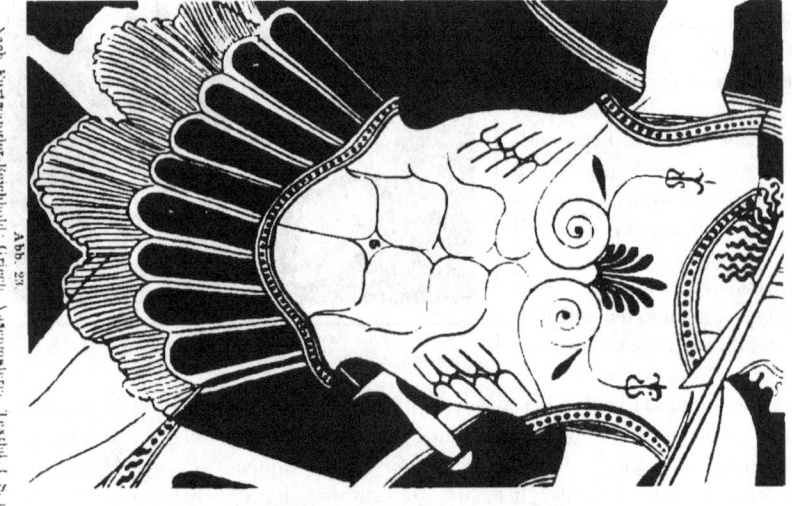

Abb. 23.

Nach Furtwängler-Reichhold: Griech. Vasenmalerei, Textbl. I, S. 127—129 und 132. Mit Erlaubnis der Verlagsanstalt F. Bruckmann, München.

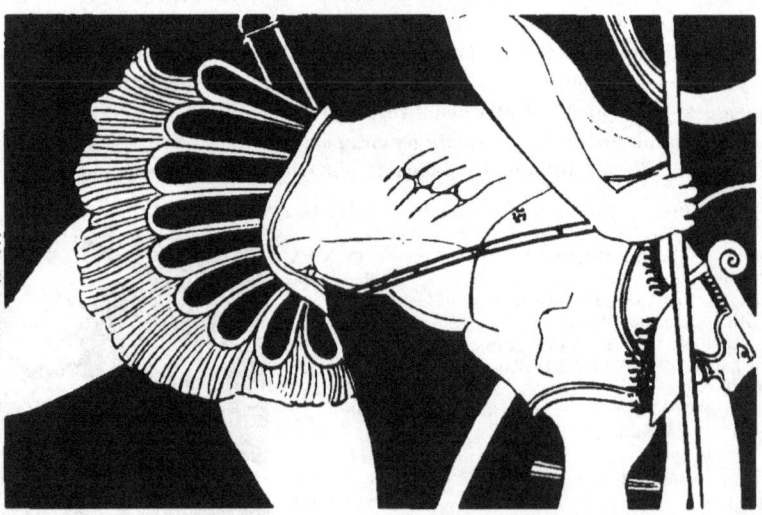

Abb. 24.

Nat. Vorträngler-Reichhold: Griech. Vasenmalerei, Taf. 38 und 118. Mit Genehmigung der Verlagsanstalt
F. Bruckmann, München.

Abb. 27.

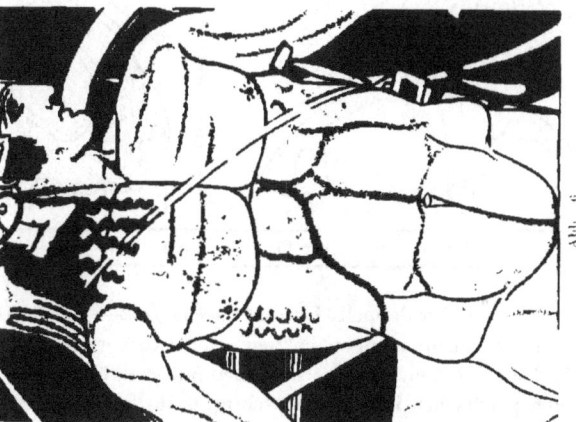

Abb. 6.

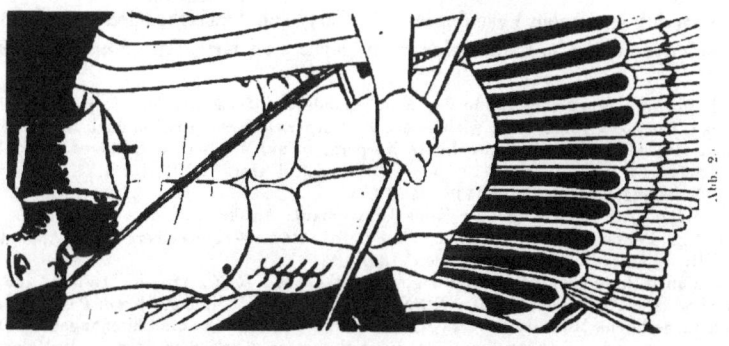

Abb. 28.

Abb. 29. Nach Mon. dell' Inst. X, Tav. LIV A.   Abb. 28. Nach Gerhard: Antike Bildwerke, Taf. 35.

Firnisfarbe ausgefüllte doppelte Linien in sechs große Flächen. Die Linien geben die dazwischen liegenden sehnigen Partien. Der Nabel wird mitunter gar nicht angedeutet,[1]) dann durch einen Kreis bisweilen mit Punkt auf kleiner Fläche,[2]) schließlich in den plastischen Bildwerken richtig, natürlich eingesenkt.[3]) Bisweilen wird noch der äußere Bauchmuskel[4]) charakterisiert. Mit der mehr oder weniger stark geschwungenen Hüftlinie schneidet der Panzer unten ab.

Lehrreich ist an den Vasenbildern ein Vergleich[5]) zwischen den nackt kämpfenden Helden und den mit Muskelpanzern gerüsteten Kriegern. Man sieht daraus,

den sich nur in der zweiten Hälfte des 5. Jahrhunderts auf Vasenbildern, so Gerhard: Antike Bildwerke, Taf. 35 = Abb. 28. Die gleiche Art der Körperwiedergabe haben auch in jene Epoche gehörende Darstellungen mit menschlichen Körpern, so auf der Berl. u. Bostoner Aristophanes-Erginos-Schale. F.-R. Taf. 127—129; ferner: Mon. ant. d. Inst. VI VII, Taf. LXX.

1. Nabelangabe fehlt. F.-R. 118, 75, 76.

2. Monumenti XI, XIV; bloßer Kreis. E. Gerhard: Antike Bildwerke Taf. XXXV.

3) Vgl. Pergamon VII Taf. XXX; Br.Br. Taf. 5161. — Stackelberg: Der Apollotempel Taf. XXIII. 4) F.-R. Taf. 28; Pergamon VII, XXX.

5) Man vgl. hierzu die Darstellungen bei F.-R. 28, 75/76, 118 mit Taf. 92, 106, 108; Stackelberg: Der Apollotempel Taf. XXII/XXIII. Eine Unterscheidung, ob ein Panzer oder tatsächlich menschliche Muskulatur vorliegt, ermöglicht mitunter nur die Chitonangabe. — Vasenbilder verwende ich in erster Linie, da sie sich besser vergleichen lassen als Malerei und plastische Werke, obschon sie, wie weiter oben ausgeführt ist, auch ihre Mängel haben. Vgl. auch Abb. 30/31 u. 32/33.

Abb. 30. Nach Pergamon III,Taf. XVII.   Abb. 31. Nach Pergamon III, Taf. XI und Taf. XVI.

daß beide Darstellungen sich fast immer aufs Haar gleichen, die gleichen Details herausheben. In einigen Fällen[1]) hat man, um den Panzer als solchen anzudeuten, die ganze Brustschale mit verdünntem Firnis dunkel gefärbt.

Darstellungen der in gleicher Weise genau nach den Körperformen getriebenen Rückenschale finden sich nur äußerst selten. Um sich ein Bild davon zu machen, wie etwa an den Waffenfriesexemplaren das Rückenstück ausgesehen hat, zieht man am besten die beiden schon oben zur Schalenform angeführten, aus Pergamon selbst stammenden guten Beispiele s. Fig. 21 c u. Fig. 30 heran: den Panzertorso und den gepanzerten Kämpfer, Gigant, vom Pergamongigantenfries[2] In der Mitte der Rückenschale läuft die der Wirbelsäulenbahn folgende Rinne. Um die Schulterblätter herum sind der „Kapuzenmuskel" sowie der „Untergrätengruben-" wie die „Armmuskel" herausmodelliert. Ihnen folgen nach unten jederseits der breite Rückenmuskel sowie an den Seiten über den Gesäßmuskeln der äußere schiefe Bauchmuskel. Nach unten schließt der Panzertorso mit dem Glutäenansatz in einer weniger stark durchgeführten Rundung ab, als dies auf der Vorderseite der Fall ist, bei dem Krieger dagegen in einer nur leicht gewellten Linie.

Die Gründe für die äußere Ausgestaltung des Panzers in Rumpfform sind dieselben geblieben, wie bei dem Glockenpanzer:

1. leichte Modellierbarkeit des zur Verwendung kommenden Materials und

2. Freude an den Formen des menschlichen Körpers. Hinzu kommt ein außerordentlich geschärftes Sehen und eine bedeutend fortgeschrittene anatomische Kenntnis. Was man beim älteren Typ nur schüchtern durch eingravierte, getriebene oder aufgesetzte Linien anzudeuten wagte, das wird jetzt formvollendet bis ins kleinste getreulich kopiert und plastisch nachgebildet. Die Bildungen beruhen auf einer genauen Kenntnis der unter der Hautoberfläche liegenden Muskelpolster,

1) F.-R. Taf. 75 76; vgl. hierzu den Abschnitt über „ποικίλοι" θώρακες.
2) S. 24. Anm. 1.

Abb. 32.   Nach F. A. Seemann: Berühmte Kunststätten. B. 41.
Petersen, Athen.   Abb. 117.

Sehnen und Knochen. Auf dieser Stufe, die man um 470/450
erreicht, und die ein weiter Abstand von den Versuchen des
6. Jahrhunderts trennt, bleibt man
dann mit kleinen Abweichungen,
die dem Zeitgeschmack der jeweiligen Mode entspringen, bis
hinab in die römische Kaiserzeit
stehen. Angeführt sei nur das
übermäßige, barocke Hervorheben
der Muskelbildungen bei den Pergamener Darstellungen.[1])

Geometrisch - ornamentaler
Schmuck tritt noch an den frühen Beispielen des ausgeprägten
Muskelpanzers auf. Von der aus
den Spiralvoluten herauswach-
senden Palmette mitten auf der
Brust war schon oben die Rede.
Ganz selten wird sie noch durch
seitliche, symmetrisch zueinander
verteilte Ranken verstärkt.[2]) Letz-
tere ziehen sich über die ganze Brustfläche hin, um den freien, ungegliederten
Raum zu schmücken. Vielleicht ist das Ganze nur als eine raumfüllende, verzierende Zutat des Vasenmalers anzusprechen. Auch Zierpalmetten auf den Schultern
finden sich.[3] An den Rändern treffen wir auch bei dieser Gruppe die Punktreihen
in ganz gleichartiger Weise am unteren Rand wie an den Armlöchern und dem
Halsausschnitt an.[4]) Die Nietreihen sind gern von ihnen parallel verlaufenden
Linienpaaren eingesäumt.

Es lohnt sich noch einen Blick auf die spätere Ausgestaltung der Schmuck-
formen am Metallpanzer zu werfen. Der Typus hält sich genau so, wie wir ihn
in Pergamon haben, von ganz unbedeutenden Änderungen abgesehen — die Muskulatur entspricht wieder mehr der Wirklichkeit und der klassisch-schönen Durch-

1 Am Waffenfries sind die einzelnen Muskelpartien nicht ganz so stark hervortretend gebildet wie am Gigantomachierelief. Man verallgemeinert in dieser Epoche die zu allen Zeiten
und so auch in unseren Tagen vereinzelt vorkommenden Kraftmenschentypen. Diese Bildungen
wirken gegenüber dem fein überlegt und wohl abgewogenen Körperideal der klassischen Epoche
unerquicklich, ja unschön. Wenn man hier bei den Panzertypen nicht ganz so weit gegangen
ist wie bei den Körpern der Altarreliefs, so hat das seinen guten Grund darin, daß man sich hier
einerseits an klassische Vorbilder anschloß, daneben aber auch andrerseits sich nicht allzuweit
von der Natur entfernen konnte, wollte man nicht die praktischen Vorzüge des Typus: An-
liegen auf der ganzen Fläche, dadurch illusorisch machen.

2) F.-R., Textbd I, S. 128-129; Millingen: Peintures de vases grecs Taf. 49. Compte rendu
pour 1867, Taf. IV; Mon dell' Inst. Vol. X, Taf. LIVᴬ.

3) Millingen a. a. O.   4, S. Anm. 3.

bildung — bis tief in die römische Kaiserzeit hinein. In jener Epoche lassen sich namentlich die Imperatoren in diesem Kriegsgewande darstellen. Neu kommt die Ausschmückung mit Reliefs hinzu. Sie ist zuerst am Augustus von Primaporta nachweisbar. (Bildliche Darstellungen haben wir bedeutend früher bereits am Lederpanzer. Die Entwicklung der künstlerischen Ausgestaltung der äußeren zuerst völlig glatten Lederfläche läßt sich dort genau verfolgen. Am Ende des 5. Jahrhunderts treten mitunter bereits Darstellungen auf der Brustseite auf, die entweder aufgemalt, eingeätzt oder als aufgesetzte Bronzebleche zu denken sind.[1]) Beim Muskelpanzer bringt man dekorative, erhabene Bildwerke auf Brust wie Rückenschale an.[2]) In diesem unbedeutenden Zug gibt sich wie auf so vielen anderen Gebieten auch hier der tiefgehende Unterschied zwischen dem nüchtern-realen, mehr auf äußeren Prunk bedachten Römer und den fein empfindenden, kunstsinnigen Griechen kund. Was die Hellenen gerade für schön, des eingehendsten Studiums und der Darstellung für würdig erachteten, ja, was ihnen als das Höchste der Kunst erschien, nämlich den Bau des menschlichen Körpers in seiner ganzen Feinheit zu durchdringen, das schien dem Römer in seiner schlichten Na-

1 Über die Entwicklung des Ausschmückens bei den Lederkollern muß bei einer eingehenden Bearbeitung dieses Rüsttypus gehandelt werden. Hier sei nur folgendes bemerkt. Gern betont man die Brustseite, durch Beigabe von Schmuck: Sterne (F.-R. 118), Pantherkopf (F.-R. Taf. 75 76), Medusenhaupt: G. A. V. 184 (= Mus. Gregor. II, Taf. LXII₃ = J. H. St. 1880 Pl. VI: F.-R. Textbd. I, S. 129 130, Taf. 89; Pergamon II, Taf. XLVIII¹, XLVIII⁵. Selten sind bildliche Darstellungen Sie sind um 460 auf attischen Vasen zuerst nachweisbar (F.-R. 75 76, Textbd. II S. 91 Eros); Millingen: Peintures des vases grecs Pl. XLIX Kampfszene)

2) Augustus von Primaporta Br. Br., Taf. 490 = P. Gusman: L'art décoratif de Rome, Pl. 29; v. Rhoden, Panzerstatuen mit Reliefverzierung, Bonner Studien S. 1 ff., Taf. I—III; Zum Panzerreliefschmuck: Warwick Wroth, J. H. St. VII (1886, S. 126—142. Th. Schreiber: Jahrbuch XI S. 78 ff.; zum Augustus von Primaporta: Studniczka: Röm. Mittlg. Bd. XXV (1910 S. 27 ff.

Es mag sein, daß die Sitte, den Muskelpanzer mit Reliefdarstellungen zu überziehen, noch einige Dezennien älter ist als die augustäische Epoche; sicher aber ist sie römisch, wenn auch, wie Rhoden a. a. O. annimmt (S. 17 a. a. O.), attische Künstler den Anlaß dazu gaben, und nicht älter als das erste vorchristliche Jahrhundert.

Zur Frage, aus welchem Material die Reliefs beim Augustus von Primaporta hergestellt gewesen sein mögen, äußert sich G. Loeschcke in den B. J. B. 114/115 (1906, S. 472. Er meint, es seien wohl kaum emaillierte Reliefs gewesen, vielmehr sei am Original Bronze, Silber und Gold zur Verwendung gekommen.

Abb. 33.　Nach Baumgarten², Poland-Wagner: Hellenische Kultur. Abb. 327.

Abb. 34. Nach Arch. Jahrb. XI. 1896, S. 85. Abb. 2.

türlichkeit zu wenig, zu unbedeutend. Und darum schmückt er die Schalen des Muskelpanzers mit Reliefs, als ob er eine völlig glatte Fläche und ein nicht schon bis in alle Einzelheiten wohl durchmodelliertes Stück vor sich hätte. Das alte, schon nahezu ein [3] Jahrtausend während Motiv war nicht mehr anziehungsfähig und wird jetzt zur Unterlage für einen neuen Schmuck: die plastischen, aufgelegten Bildwerke.

Bei dem Glokkenpanzer haben wir bereits das Vorkommen eines umlaufenden Halsschutzes konstatiert.[1] Dann scheinen ihn, soweit ich die namentlich seit 400 nur spärlich vorhandenen Denkmäler mit Muskelpanzerdarstellungen übersehe, die Griechen bedeutend seltener an ihren Rüstungen angebracht zu haben, wofern hier nicht gerade der Zufall mit im Spiele ist. Gegen das etwa anzunehmende gänzliche Fehlen dieser Schutzvorrichtung spricht die Anweisung eines erfahrenen Militärs, wie es Xenophon ist.[2] Bei seiner Ausrüstung erwähnt er

---

1 s. „Glockenpanzer".

2 Xenophon, de re equestri Cap. XII. Im Anfang des betreffenden Kapitels spricht er von der Beschaffenheit des „θώραξ" und fährt dann fort „ἐπεὶ δὲ καὶ ὁ αὐχήν ἐστιν τῶν καιρίων, φημὶ χρῆναι καὶ τούτῳ ἐξ αὐτοῦ τοῦ θώρακος ὅμοιον τῷ αὐχένι στέγασμα πεποιῆσθαι."

Der Autor verlangt demnach, um allen Eventualitäten gegenüber gerüstet zu sein, zum Schutze des Halses einen Steg, ein στέγασμα, in der Größe dem Halse entsprechend, ein Schirmstück, das aus dem Panzer herauswächst, eine Verlängerung nach oben zu bildet. Der Gedanke, den Hals ebenfalls zu wappnen, lag ja nahe. Xenophon spricht an der angeführten Stelle von dem Reiter und seiner zweckmäßigsten Ausrüstung. Er verlangt für ihn besonderen Schutz; ebensogut kann natürlich auch der zu Fuß kämpfende Krieger solchen Halsschutz gebrauchen. An Lederkollern treffen wir sehr zahlreiche Beispiele, wo ein bloßer Nackenschirm,

den Halsschutz mit Nachdruck. In hellenistischer Zeit tauchen an den Panzerdarstellungen wie an erhaltenen Exemplaren[1]) die Halsbergen wieder auf und lassen sich hier viel lückenloser nachweisen. So haben wir sie z. B. in Pergamon mehrfach.[2]) Während also die am Lederwams zum gleichen Zweck angebrachte Vorkehrung sich viel gleichmäßiger und allgemeiner zu allen Zeiten vorfindet, läßt sie sich beim Muskelpanzer zeitweise an den Monumenten nicht bezeugen, während sie wohl tatsächlich immer im Gebrauch gewesen sein wird.

Von den beim jüngeren Metallpanzer üblichen Verschlußvorrichtungen geben uns die Monumente folgendes. Zunächst eine Amphora[3]) der sog. nolanischen Gattung. Hier ist an dem von der Seite gesehenen, gewappneten Hektor ein von der Achselhöhle nach den Oberschenkeln senkrecht herablaufender Verschluß angedeutet. Er ist streifenartig und trägt dichte, horizontale Strichelung. Man könnte an Verschnürung denken oder an ein fortlaufendes Scharnier; wahrscheinlich ist aber anzunehmen, daß auf dieser Seite ein an beiden Schalenhälften von oben bis unten fest aufgenieteter Lederstreifen angebracht ist, der das Scharnier vertrat, und die beiden Schalen öffnen und schließen ließ. Das würde auf der rechten Seite noch den Vorzug haben, daß man auf dieser schildlosen Flanke dem Gegner bei ungenauem Sitzen der beiden Schalen (Auseinanderklaffen derselben) keine Blöße bot, sondern so einen umlaufenden Schutz hatte. An der nicht sichtbaren Gegenseite mag der Verschluß durch Paare aufgenieteter gegenständiger Ösen, die durch Riemen verschnürt wurden, herbeigeführt gewesen sein. Wichtiger für die Rekon-

---

also nur ein halber Halsschutz, angebracht ist (Walters: Vas. Br. Mus. II fig. 35, S. 27; F.-R. 6, 52, 54, 74, 123 (= A. D, I, 10). Im folgenden Teil seiner Ausführungen verlangt der Autor noch eine besondere Form für seine Reiter. „τοῦτο γὰρ ἅμα κόσμον τε παρέξει, καὶ ἢν οἷον δεῖ εἰργασμένον ᾖ, δέξεται ὅταν βούληται τῷ ἀναβάτῃ τὸ πρόσωπον μέχρι τῆς ῥῖνός." (Dann kommt der Helm an die Reihe.) Zunächst führt er noch einen ästhetischen Grund für einen solchen Schutz an: er ziert den Träger. Die darauf folgenden Satzteile können, wofern sie uns richtig überliefert und nicht auf den nachfolgenden Helm zu beziehen sind, nur so verstanden werden, daß das Stegasma nicht nur den Hals, sondern noch weiter ausgreifend auch einen Teil des Gesichtes, nämlich bis zur Nase hin decken soll. Wie er das sich genauer denkt, etwa aufklappbar mit Scharnieren, wie man ja auch am sog. attischen Helm die Backenklappen je nach Bedarf hinauf und herunterklappen kann (s. F.-R. 6, 118/119), davon spricht er nicht. Auf Monumenten sind derartige Vorkehrungen nicht nachweisbar. Vielleicht empfiehlt hier der erfahrene Kriegsmann eine auf seinen Unternehmungen in Kleinasien bei fremden Völkern ihm bekannt gewordene Einrichtung. Besonders notwendig wird ein solcher Schirm noch dadurch, daß er für den Reiter den „böotischen" Helm, die einzige für uns jetzt gesicherte Form vorschreibt. (Zum Helmtyp vgl. Revue arch. 1908, 4 ser. B. 11, Teil II, S. 201, Fig. 10, S. 202, Fig. 11, S. 203, Fig. 12 (Deonna); ferner: Woelcke: Beiträge zur Geschichte des Tropaions, B. J. 1911, (120) S. 220 a 50 a; es gibt noch mehr als die an beiden Stellen angeführten, so Ath. Mittlg. 1910, B. XXXV, S. 219 ff., S. 224, Taf. XI—XII. (Brückner hat allerdings die Helmform als solche nicht erkannt); R. Schöne: Griech. Reliefs Nr. 79, Taf. XVII, Textb. S. 43 (= Le Bas-Waddington: Voyage archéol. Monum. fig. Pl. XX, Nr. 1 = D.S. „equitatio" fig. 2718). Alle älteren Beispiele weisen keine Backenklappen auf. Erst später vermengt man die einzelnen Helmformen. So sind auch folgende am Waffenfries zu Pergamon dargestellte Helme zu verstehen: Pergamon II, XLVI₃, XL/VII₃, XLIX₇, XLIX₁₃, XLIX₂₅, L₁₂.

1) Schumacher, Bronzen von Karlsruhe, Taf. XIII₁₅ u. Taf. XXIII.
2) Pergamon II, Taf. XLV₁ = D; XLVIII₉ = B; L₁₆ = C; XLVII = A; ferner: Pergamon VII, Taf. XXX; B. III₂, Taf. XVII (Fries).
3) G. A. V. 189 = Mus. Gregoriano II, Taf. LXIII₂ₐ. Lediglich ornamental fasse ich dagegen die auf der Achsel einer etruskischen Kriegerdarstellung (Bronze) gegebenen Linienzüge auf.

Abb. 35. Nach Gerhard, A. V.
Taf. 189.

struktion unserer Waffenfriesexemplare ist die Verschlußangabe des zu Pergamon gefundenen Muskelpanzers in Rundplastik.[1]) ˙ Er hat beiderseits solche
Streifen an den seitlichen Anstoßflächen. Winter nimmt
in seinem Text an, daß „beide Stücke längs der Seiten
mit 2 Streifen zusammenschließen, die mit etwas er-
höhtem Rand glatt aneinanderstoßen, ohne daß die Vorrichtung der Befestigung, wie sie durch Riemen, Schnürung oder Scharniere bewerkstelligt wurde, sichtbar
gemacht ist". Im letzten Punkte stimme ich mit ihm
überein. Die Verschnürungsangaben waren gewiß ge-
malt. Aber auch die beiden erhöhten Streifen lassen
sich aus dem uns vorliegenden Material einfach erklären. Es handelt sich hier um nichts anderes, als um
den an den Schalenrändern gern nach außen zu umgelegten oder eingerollten Rand. Man betrachte hierzu
das oben angeführte Vasenbild.[2]) Hier haben wir am
unteren Rand sowie an den Armlöchern eine derartige
Vorkehrung. Auf die genauere Herstellung werde ich
weiter unten bei der Besprechung der erhaltenen
Exemplare, bezüglich deren Teile, eingehen.

Es wird am besten sein, bevor wir zu den weiteren,
dem Panzer bisweilen beigefügten Zutaten übergehen,
noch einmal kurz das, was wir aus den Darstellungen über Form, Schmuck,
Zweck der einzelnen Teile gewonnen haben, zu rekapitulieren. Wie wir aus
den Zeugnissen ersehen, hat sich die neue Form des Metallpanzers, die wir ihres
Aussehens wegen als „ausgeprägten Muskelpanzer" — (um sie von den
älteren Typen besser scheiden zu können) — bezeichneten, um die Mitte des
5. Jahrhdts. gebildet oder vielmehr aus der älteren Form herausentwickelt. Die
anatomischen Kenntnisse wie die technische Kunstfertigkeit machten in jener
Epoche bedeutende Fortschritte. Die Panzerflächen weisen keine sklavische Wiedergabe der Natur mit allen ihren Details auf. Die Verfertiger greifen vielmehr mit Sicherheit und künstlerischem Scharfblick die Hauptsachen heraus. Das
kommt in der Ausgestaltung deutlich zum Ausdruck. Der Panzer besteht nach wie
vor aus zwei getrennt gearbeiteten Schalen. Ihre Flächenausdehnung wächst, man
schützt jetzt Brust und Bauch ganz und läßt, um dies zu erreichen, die vordere
Schale in ihrer unteren Partie stark geschweift verlaufen, während der Rücken-
harnisch nur wenig (und das auch nicht immer) nach unten ausrundet. Die Durch-
modellierung der Muskulatur ist klarer. Allerdings treffen wir auf der Brust nament-

---

1) Pergamon VII, Taf. XXX, = Abb. 21, Textband VII, S. 141 Nr. 129. Weniger wahrscheinlich
als die oben im Text gegebene Lösung ist mir folgende. Nämlich daß hier einerseits im Inneren
der Schalen ein verbindender Lederstreifenverschluß angebracht war, auf der anderen Seite
dagegen nur eine der angeführten Sicherungsarten Verwendung fand. Das hätte, wie schon
betont, praktisch den Vorzug, das Anlegen bedeutend einfacher zu gestalten.

2) S. A. 35.

lich zu Anfang dieser Periode noch die den Brustkorb und seine Muskulatur charakterisierenden Spiralen — ein uns von Gruppe I und II her wohlbekanntes Motiv. Zwischen den volutenartig eingerollten Enden wächst jetzt gern eine ornamentale, nach oben gerichtete Palmette heraus, mitunter von symmetrisch angeordnetem Rankenwerk begleitet, um den leeren Raum zu füllen. Doch diese Erscheinungen sind nur Ausläufer, die spätestens um 425 endgültig verschwinden, um einer anderen Bildung Platz zu machen. Auch sie haben wir beim Glockenpanzer bereits angetroffen: es ist die realistische Richtung, die die ornamentalen Spiralen und die sonstige Zier verdrängt und durch wahrheitsgetreue Angabe der Brustmuskulatur ersetzt, d. h. die Schalen von jetzt an vollkommen einheitlich durchbildet, also die bisherige gegensätzliche Wiedergabe zwischen der oberen und der unteren Brustschalenpartie aufgibt. Die Brustmuskulatur mit ihren Einzelheiten, der senkrecht verlaufenden Einsenkung in der Mitte, den wagerechten sehnigen Muskelansätzen, wie die geschweifte Form des Brustkorbrandes, des Thorax, endlich auch bisweilen die Brustwarzen entsprechen der Natur. Seitlich erscheint etwas tiefer der Sägemuskel mit seiner typischen Gestaltung, in der Mitte der gerade Bauchmuskel mit seinem geschwungenen Umriß, seiner Einteilung in sechs Abteilungen oder Sektionen, von denen je drei jederseits der *linea alba* und ihrer Verlängerung liegen. Auf besonders sorgfältig durchgeführten Darstellungen sind auch die die einzelnen Flächen voneinander abtrennenden sehnigen Partien durch besondere Tönung charakterisiert. Seitlich schließt sich jederseits der schiefe Bauchmuskel an. Der leicht eingesenkte Nabel dagegen findet sich nicht immer (verhältnismäßig häufig an plastischen Werken). Unten folgt, wie schon gesagt, der Schalenrand der Hüftlinie. So deckt die Platte den ganzen Rumpf. Weiter konnte man aus sehr nahe liegenden Gründen nicht gehen, denn man würde die Bewegungsfreiheit des Trägers je nachdem mehr oder minder stark behindert haben. Auch die Rückenschale bietet uns die darunter liegende Muskulatur. Vor allen Dingen sind es zwei Partien, die man ganz besonders hervorhebt: die annähernd senkrecht verlaufende, leicht eingesenkte Bahn der Wirbelsäule und die jederseits von ihr liegenden Schulterblätter mit ihrer sie umgebenden Muskulatur, die Armmuskeln sowie Kapuzen- und Untergrätenmuskeln. Etwas tiefer hebt man den breiten Rückenmuskel und an den Seiten über den Glutäen den äußeren schiefen Bauchmuskel heraus. Nach unten zu haben wir eine leichte, bei weitem nicht so starke Ausrundung der Schale, wie dies an der Vorderseite der Fall war.

Im Inneren ist auch jetzt noch eine zweite Schicht, wie oben beim Glockenpanzer (S. 14 f.) anzunehmen. Das zeigen die namentlich in der Zeit (um 450 v. Chr) den Schalenrand begleitenden Punktreihen, die Nietköpfe, über deren Deutung wir uns auch schon im klaren waren. Über die Beschaffenheit der Einlage wird weiter unten zu handeln sein.

Der abstehende Rand, ein Hauptcharakteristikum der älteren Glockenpanzer, schrumpft zusammen und verschwindet im letzten Drittel des 5. Jahrhdts. ganz und gar. Der kragenartige Halsschutz, der mit den einzelnen Schalen aus einem Stück gefertigt ist, wird hier und dort verwendet. Sehr schlecht sind wir über die Verschlußarten unterrichtet. Es wird wohl meist — und hierin müssen die erhaltenen Exemplare, beziehungsweise deren Teile, zu Hilfe kommen — durch Ösen und Verschleifung die Verbindung der Schalen bewerkstelligt sein. Das sind die Hauptbestandteile des Panzers.

PTERYGES. SCHULTERKLAPPEN

In zwei besonderen Abschnitten will ich jetzt zwei am Muskelpanzer griechischer Zeit nur bisweilen, aber durchaus nicht immer angebrachte Zutaten behandeln, die beide zweifellos eine Verbesserung des Typus bedeuten, wenn sie auch beide erst in römischer Epoche als ständige Begleiterscheinungen der Metallrüstung auftreten.

1. Die den unteren Rand verlängernden lappenartigen Klappen, „Pteryges" von den Griechen benannt, und

2. Die Schulterklappen an Stelle des einfachen Aneinanderstoßens der Schalen auf den Achseln.

Zunächst die Pteryges. Rückblickend sei noch gleich zu Anfang bemerkt, daß die schon in archaischer Zeit vorkommenden, am Rande angebrachten, radial verlaufenden Linien nicht als eine Pterygesandeutung anzusprechen sind, sondern, wie ich schon oben ausführte, lediglich der Verzierung dienen sollen. Etwaige Vorstufen oder Übergangsbeispiele fehlen in Griechenland.[1])

Einen solchen kranzartigen Ansatz von Klappen am unteren Panzerrande treffen wir zuerst bei Beispielen, die der sog. verbesserten Glockenpanzergruppe angehören, so auf einem Vasenbilde des Duris.[2])

---

1) Nicht unerwähnt bleiben mögen einige aus Etrurien stammende, dort gefertigte Kriegerstatuetten aus Bronze, die andere Arten, den Panzer nach unten zu verlängern, geben und bis zu einem gewissen Grade den Anspruch machen können, als Mittelglieder zwischen älterem Glockenpanzer und jüngerem Muskelpanzer mit Pteryges angesprochen zu werden. Der Panzer der einen Statuette (abgebildet, Micali: Monum. d. Storia Ital. Pl. XXXVIII, = D.-S. Fig. 4525 (lorica) — (D.-S. erwähnt noch eine zweite solche Darstellung, zweifelt aber selbst daran, ob er nicht einen Chiton vor sich hat) — ist noch in Glockenform. Der untere fast wagerecht abstehende Rand zeigt die schon mehrfach beobachteten, oben besprochenen radialen Zierlinien. Unter ihm ist an der Brustseite zum Schutze der Genitalien sowie eines Teiles der Oberschenkel ein rechteckiges, herabhängendes Stück Tuch angebracht. Es reicht etwa bis zu einem Drittel der Oberschenkellänge hinab. Zweifellos bedeutet diese Einrichtung einen kleinen Schritt vorwärts, aber keineswegs eine endgültige Lösung. Bedeutend vollkommener ist die Vorkehrung an einer zweiten etruskischen Bronze (Micali a. a. O. Taf. XXXVIII,). Auch hier besteht die Rüstung aus einem Schalenpanzer älterer Form. Während bei der vorigen Bronze aber das Tuch wirklich nicht hin und her reichte, ist unser Typus unterhalb des nahezu senkrecht abstehenden Randes verlängert. Über einem geschlossen gebildeten, nach unten konvex verlaufenden Streifen sind plastische, nach unten zu sich leicht verbreiternde Pterygesklappen angebracht. Mit dem unteren Streifen ist kein Chiton gemeint, sondern etwas Steifes, Starres. Ebenso machen die mit diesem Streifen anscheinend verbundenen, unten eckig, nicht abgerundet auslaufenden Pteryges nicht den Eindruck großer Bewegungsfähigkeit. Aus was für Material man sich diesen Ansatz vorzustellen hat, unter dem übrigens vorn noch eine rundliche Lasche zum Schutze der Genitalien zum Vorschein kommt, ist schwer zu sagen, entweder steifes Leder oder dünnes Metallblech. Das Ganze kommt der richtigen, später üblichen Lösung schon sehr nahe, hat aber immer noch den großen Nachteil, daß man den Ansatz über eine bestimmte Länge hinaus nicht verlängern kann, da man sonst, wie schon mehrfach betont ist, den Träger einer solchen Rüstung in seiner Bewegungsfähigkeit stark behindern würde.

2) F.-R. Taf. 74.

Im zweiten Viertel des 5. Jahrhdts. folgt dann der Umschwung, man nimmt für diese Jahrzehnte häufig die Pterygesstreifen an. Auf den unter polygnotischem Einfluß stehenden Vasenbildern sehen wir mit einem Schlage den veränderten Muskelpanzer mit Hüftlinienabschluß und unten als Verlängerung eine Reihe Pteryges.[1]) War der Metallpanzer im ersten Viertel des 5. Jahrhdts. auf den Darstellungen stark in den Hintergrund getreten, so nimmt er in der Folgezeit mindestens ebenso stark das Interesse in Anspruch wie das Lederkoller. Im 4. Jahrhdt. sehen wir die nur wenig veränderte Form auf den attischen Grabreliefs.[2])

In Kleinasien treffen wir sie in Gjölbaschi[3]) wieder.

In hellenistischer Zeit haben wir sie dann in Pergamon am Gigantomachiefries[4]), den Telephosreliefs[5]), an der Waffenballustrade[6]) und an dem schon mehrfach erwähnten Panzertorso in Rundplastik[7]). In Magnesia a. M.[8]) kehren sie ebenfalls wieder.

In Etrurien dagegen, das doch auch den Muskelpanzer jüngerer Form übernimmt, ist das Resultat folgendes, daß Panzer ohne Pteryges gegenüber solchen mit Ansatz überwiegen.

In römischer Zeit haben wir sie ebenfalls an den Imperatorenstatuen[9]), und zwar hier als ständige Zutat.

Die Pteryges sind nicht erst für den Metallpanzer erfunden, sondern schon seit mehr als einem Jahrhundert an zwei anderen griechischen Panzerungstypen bei Linnenpanzer und Lederkoller im Gebrauch. Bei beiden Rüstarten sind sie infolge des verarbeiteten Materials bodenständig. Ihre Verwendung am Metallpanzer bedeutet nur eine Übertragung dieser Schutzform, eine Vermischung verschiedener Panzerungstypen.

Verfolgen wir die Anordnung, Zahl und den unteren Abschluß der Klappenreihen. Hat man eine einzige Reihe wie zu Anfang,[10]) so pflegt die untere Abschlußlinie geschweift zu verlaufen analog der Hüftabschlußlinie, wenn auch meist nicht ganz so stark gewellt wie jene. Man bleibt aber nicht lange bei einer Streifenreihe stehen, sondern geht bald zur Mehrzahl über, und zwar meist zu drei Lagen.[11]) (Eine solche Tendenz läßt sich für den Lederpanzer[12]) bereits am Parthenonfries nachweisen. Auch in dieser Hinsicht scheint der Lederpanzer voranzugehen.) Statt eines Streifens länglicher Klappen bringt man mehrere verschieden

---

1) F.-R. Taf. 28, 74/75, 118; Textband I, S. 128/129 u. S. 132; Millingen Pl. LV; Gardner: Ashmolean Mus. Bl. XII.

2) Conze: Att. Grabreliefs Taf. CXLI. CCI, CCXLV ; B. III, S. 281, Nr. 1301, weitere Exemplare ohne Pteryges s. w. o. S. 22₁.

3) Benndorf: Gjölbaschi Text S. 116/117, z. B. Taf. IX A₅.

4) Pergamon III₂, Taf. XVII.   5) Pergamon III₂, Taf. XXXIII₁ u. XXXV₁.

6) Pergamon II, Taf. XLVII₂ = A.

7) Pergamon VII, Taf. XXX; Ath. Mittlg. 1902, B. XXVII, S. 152/153.

8) Magnesia, Taf. XIII/XIV.   9) S. 31 A. 2.

10) S. F.-R. Taf. 28, 75/76, 118 und Textband 1, S. 128/129 und S. 132; Millingen, Pl. LV; Benndorf: Gjölbaschi Taf. IX A₂; Gardner: Ashmolean Museum Pl. XII.

11) Conze: Attische Grabreliefs B. II Taf. CXLI, CCI, CCXLV.

12) Smith: The Sculptures of the Parthenon (Frieze) Pl. 45; auf Vase: Gardner: Catalogue of the greek vases in the Ashmolean Mus. Pl. 2 (schwfg.); v. Sacken: Die antiken Skulpturen zu Wien, Taf. III (Amazonensarkophag).

lange an. Die oberste Reihe schrumpft stark zusammen und scheint in der Hauptsache nur den Zweck zu haben, die Ansatzstelle der unteren beiden Lagen zu
decken. Daneben mag bei der Längenabstufung auch ein ästhetisches Moment mit
im Spiele gewesen sein. Man sucht durch eine gute Proportionierung dem Ganzen
ein gefälliges Aussehen zu verleihen. Die oberste Reihe ist meist stark geschwungen in ihrer unteren Abschlußlinie. Reihe 2 dagegen ist nur wenig kürzer
als 3. Die Streifen liegen dachziegelförmig angeordnet übereinander. Reihe
zwei und drei schließen unten leicht geschweift ab. In hellenistischer Zeit kehrt
man dann wieder zu zwei Klappenstreifen zurück.[1]) Die obere Reihe folgt im unteren Abschluß der Thoraxlinie, während die zweite Reihe unten ganz gerade,
wagerecht abschneidet. Die Praxis muß wohl diese Anordnung als die beste er-
probt haben. Sie bleibt bis in die Kaiserzeit so, mit der kleinen Abänderung, daß
an die Stelle der einen kurzen Reihe gern zwei annähernd gleich lange, von halb-
kreisförmiger Klappengestaltung gesetzt werden.

Die älteste Form der einzelnen Pteryges ist, wenn ich von einer der Zwischen-
gruppe angehörenden Vase des Duris absehe,[2]) wo eckige, in der Gestaltung den
am Lederkoller angebrachten Klappen gleichende Pteryges gegeben sind, läng-
lich oval.[3]) Mir scheinen sie den Vasenbildern nach aus Leder mit einer dünnen
Metallauflage darüber zu bestehen. Daß man auch solche ganz aus Metall her-
stellte, bezweifle ich, denn bei der Größe der Klappen würden sie das ohnehin
schon beträchtliche Gewicht des Panzers allzustark vermehrt haben, und zwar in
einem Maß, das wohl kaum in einem dem Vorteil entsprechenden Nutzen gestanden hätte. Anzuführen als Analogie ist ferner auch die Bildung der Schalen, wo
wir ja ebenfalls nur einen ganz dünnen Überzug antrafen. Vorn, also an ihrem
unteren Ende, sind die einzelnen Streifen aus Gründen der Erfahrung und Zweck-
mäßigkeit abgerundet, denn die eckigen steifen Klappen hätten beim Gebrauch
der Rüstung sonst den Träger nur allzuleicht aufscheuern und verletzen können.
Dem beugen abgerundete Pteryges vor. Später gehen langgestreckte[4]), rechteckige
oder am unteren Ende leicht abgerundete[5]) neben kurzen halbkreisförmigen[6]) her.
In Pergamon sind beide Reihen langgestreckt rechteckig gestaltet. Diese Formierung hängt mit dem Material zusammen; denn hier, wie überhaupt in hellenistischer Zeit, haben wir, wie beim Lederkoller, lediglich weiche, schmiegsame Lederstreifen ohne Metallauflage. Zur Zeit des Aufkommens der Pteryges am Muskelpanzer treffen wir dagegen solche, wie ich schon oben andeutete, wo Metallblech
auf einer ziemlich dicken, also auch steifen Lederunterlage befestigt war. Für diese

---

1) Pergamon II Taf. XLVII, = A; B. III, Taf. XVII, Pergamon III, Taf. XXXIV, u. XXXV,,
B. VII Taf. XXX; Ath. Mittlg. 1902 B. XXVII S. 152,153; Magnesia Taf. XIII u. XIV.
     2) F.-R. Taf. 74. Für Leder spricht auch ganz zweifellos die angegebene Ornamentierung.
     3) F.-R. Taf. 28, 75/76, 118, Textband I S. 128/129 u. S. 132; Millingen, Pl. LV; Gardner:
Ashmolean Museum Pl. XII. Neben den runden Klappen kommen bei einer Streifenreihe auch
mitunter eckige Klappen (hier sicher aus Leder) vor; so ein Beispiel s. Compte rendu pour
1867, Taf. IV. Die Ausnahme bestätigt auch hier, wie so häufig, die Regel.
     4) Vgl. die Beispiele aus Pergamon.
     5) Conze: Attische Grabreliefs B. II, CXLI, CCI, CCXLV.
     6) Conze: Attische Grabreliefs B. II, Taf. CXLI, dann bei römischen Imperatorenstatuen.

Ansicht spricht namentlich ein Vasenbild bei Gerhard[1]), wo immer eine Klappe um die andere schwarz-weiß plattiert ist, während die dazwischenliegenden beschuppt sind. Wozu die Beschuppung bei einer Metallunterlage? Das hat nur Zweck bei Leder, das verstärkt werden soll. So fasse ich auch die Beispiele bei Furtwängler-Reichhold auf (S. 38, A. 3).

Zum Schmuck laufen die Pteryges unten in Fransen aus. Die gleiche Verzierung kommt beim Linnenpanzer und dann auch beim Lederkoller vor. Sie ist natürlich beim Linnen daheim, und soll bei der Behandlung dieser Rüstung genauer betrachtet werden, so daß ich auf den dortigen Abschnitt verweisen kann.

Eine Änderung in der Pterygesbildung und ihrer Ausschmückung tritt wie bei den Schalen in römischer Zeit ein. Man greift wieder auf die im Anfang übliche Art der Metallplattierung zurück. Daneben mag auch ebenso häufig Lederpressung vorliegen. Man schmückt die Oberfläche in jener Epoche besonders gern mit Reliefdarstellungen verschiedener Art (so mit Symbolen, die mit der plastisch dargestellten Person zu tun haben,[2]) wie wir es ja mehrere Jahrhunderte früher bereits an den Schulterklappen vorfinden.[3])

Ganz selten haben die Klappen des Metallpanzers auch einmal Schuppenwerk.[1])

Zu erörtern bleibt noch, wie man sich die Befestigung der Pteryges zu denken hat. Wir fanden zur Zeit des Aufkommens am Metallpanzer nur eine solche Klappenreihe, später mehrere. Eine konnte man in verschiedener Weise mit den Schalen verbinden. Entweder waren alle Klappen einzeln am unteren Panzerrande angenietet oder mit Scharnieren, vielleicht auch durch Haken und Ösen befestigt. Oder man vereinigte eine Reihe, in der Zahl wohl entsprechend der Länge der einzelnen Schalen, indem man sie zunächst zu Streifen auf Leder aufnähte (wofern sie nicht gleich von vornherein aus einem Stücke gearbeitet waren) und verband sie dann mit den Schalen. Ohne Zweifel rührt ein Teil der auf Monumenten wie an erhaltenen Exemplaren sichtbaren Punktreihen von den Befestigungsstiften der Pteryges her, die demnach im Inneren der Rüstung angebracht waren.

A. (S. 1) hat auch in den Armlöchern Pterygesstreifen aus Leder.[4]) Sie schneiden gerade ab, laufen in Fransen aus.

Am Lederpanzer haben wir die gleiche Vorkehrung schon im ersten Viertel des 5. Jahrhunderts (Duris).[5]) Auch am Muskelpanzer sind Pteryges nachweisbar.[6]) Sie verschwinden um die Mitte des 5. Jahrhunderts, tauchen erst seit Alexander wieder auf (Mosaik, Statuette zu Neapel)[7]) und halten sich bis in die Kaiserzeit. In Magnesia[8]) am Amazonenfries haben sie Muskelpanzer wie Lederkoller. In Pergamon

---

1) G. A. V. Taf. 46 (oder ist das Ganze bloß als dekorative Verzierung aufzufassen?)
2) Jones: Catalogue of the ancient Sculptures (Museo Capitolino) Pl. VII, 40 (Mars-Ultor-Statue). Hier sind auf der obersten Reihe abwechselnd Medusenhäupter und Phobosmasken angebracht, die ja beide symbolisch sehr gut zum Kriegsgott und seinen Schrecken passen.
3) Z. B. Bonner Studien Taf. I Nr. 2, Taf. II Nr. 1—2.
4) Pergamon II, XLVII$_2$.
5) Duris, Arch. Ztg. B. 41 (1883) Taf. 3; Conze VII, T. 3; unbekannter Meister F.-R. Taf. 15.
6) Millingen: Peintures de vases grecs Taf. XLIX.
7) Winter: Alexandermosaik Taf. I; Koepp: Alexander der Große Abb. 4; Br. Br. Taf. 239 b.
8) Magnesia Taf. XII, XIII, XIV; vgl. Milet II Taf. XV Block 3a, 4a, 4b, 5 usw.

sind sie noch mehrfach (Telephosfries, Panzertorso usw.) bei Metallrüstungen angebracht.[1]) Auch hier laufen die einzelnen Klappen in Fransen aus.[2])

Die Gründe für das Aufkommen der Pterygesreihen am Muskelpanzer liegen auf der Hand. Bot auch der verbesserte, jetzt dazu noch den Unterleib deckende Metallpanzer einen größeren Schutz, als es der veraltete Glockenpanzer vermochte, so konnte er dennoch nicht die Konkurrenz mit dem noch weiter gehenden Schutz gewährenden Lederkoller aufnehmen. Der Metallpanzer wie auch der Linnenpanzer wurden aus diesem Grunde tatsächlich zu Beginn des 5. Jahrhunderts aus ihrer dominierenden Stellung durch die praktisch-brauchbareren Lederkoller zurückgedrängt. Das wirkte rückwärts auf die weitausgedehnte Waffenfabrikation sehr ungünstig. Und eine der Maßnahmen, wodurch sich der Muskelpanzer seine alte Stellung wieder zu sichern sucht, ist eben die Anbringung der Pterygesstreifen. Mit einem Male tauchen um 470/450 die Metallpanzer auf den Monumenten wieder zahlreich auf. Die Krisis ist überwunden. Daß nicht jeder Panzer unbedingt damit ausgestattet sein muß, beweisen, wie wir im folgenden Abschnitt sehen werden, die zahlreichen Schalen ohne einen solchen Fortsatz zum Schutz der Schenkel.

Die Muskelpanzer jüngerer Form haben, wie gesagt, nicht immer Pterygesstreifen, sondern werden seit ihrem Aufkommen auch ohne solche getragen. Die Zahl der Monumente, auf denen die bloßen Schalen gegeben sind, lassen sich bis in die hellenistische Zeit hinein nachweisen.

Im 5. Jahrhundert haben wir sie auf attischen, rotfigurigen[3]) Vasen, ebenso haben die mit Muskelpanzer ausgerüsteten Krieger am Parthenonfries[4]) und an Reliefs[5]) keinen Pterygesansatz.

Später sehen wir diesen Brauch auf einem südrussischen Monument[6]) wiederkehren, am Heroon v. Gjölbaschi[7]) und an dem großen sidonischen Sarkophag.[8])

In Pergamon findet sich ebenfalls einmal ein solches Exemplar.[9])

Ein Blick auf die etruskischen Denkmäler[10]) lehrt, daß dort der Metallpanzer

_____

1) Pergamon III, Taf. XXXIV₁; Pergamon VII Taf. XXX; Pergamon VII, Textbd. Nr. 348 A, 348 B Beiblatt 38; vgl. ferner Münze des 2. Jahrhunderts bei H. v. Fritze, Abhdlg. der preuß. Akademie der Wiss. 1910: Die Münzen von Pergamon Taf. I Nr. 25.

2) S. Waffenfriesexemplar A = Pergamon II Taf. XLVII₁.

3) G. A. V. Taf. 176, 189; F.-R. Taf. 89; Conze, Ser. VII Taf. VII = Fröhner: Choix de vases grecs enédits Pl. III; Mon. dell'Inst. Vol. X Taf. LIV A; Gerhard: Antike Bildwerke Taf. XXXV.

4) Smith: The Sculptures of the Parthenon Pl. 77 Nr. 29, — Nereidenmonument; Br. Br. Taf. 219; Taf. 214 = Mon. ined. dell' Inst. Vol. X Taf. XIII D₆ u. Taf. XV e₃₁; Br.Br. 546 (Torso eines gepanzerten Mannes); Conze: Attische Grabr. Taf. CCXVIII, CCXIX; Le Bas-Waddington: Voyage arch. Mon. Fig. Pl. 49 Nr. 2; Photographie Giraudon Nr. 1022 = Louvre 129. Man vergleiche auch Glyptothek Ny-Carlsberg Pl. 18 (dreikantige Basis), im Text S. 26 ff. Nachweis weiterer Exemplare (Fig. 10—11).

5) Gerhard, Akademische Abhdlg. Taf. XXIII Nr. 3 u. 5.

6) Kondakof-Tolstoi, Antiquités S. 305 Abb. 265 (auf einer Goldplatte); — auf megar. Reliefbecher: Furtwängler Slg., Sabouroff Taf. LXXIII; Dumont-Chapelain: Les céramiques de la Grèce propre Pl. XXXI l. unten.

7) Benndorf: Heroon von Gjölbaschi Taf. X A₃ rechts.

8) Hamdy-Bey, Pl. XXVI u. XXXVI oben u. Nr. 1.   9) Pergamon II, Taf. XLV₁ = D.

10) Gerhard: Etruskische Spiegel B. V Taf. 56, 58, 119, 121, 135, 136 usw.; Aschenzisten: Micali: Mon. ant. tav. XXIX; Brunn: Relievi B. I Taf. XI₍₇₎, LIV₁₄, LV₁₆, LVII₂₉ usw.; auf Bronzeziste: Mon. ined. dell' Inst. VIII, Taf. VII; Panzer allein: Raoul Rochette, Taf. XX.

häufig anzutreffen ist, und zwar ist nur ein unverhältnismäßig kleiner Teil mit Pteryges ausgestattet. Viel häufiger fehlt jeder Ansatz.

Somit steht der pterygeslose Muskelpanzer in Pergamon keineswegs allein da, sondern läßt sich zwanglos in eine Anzahl gleichartig gestalteter Monumente, die zeitlich neben den mit Ansatzstreifen ausgestatteten einhergehen, einreihen.

Wenn wir am Linnenpanzer sowie an der Lederrüstung am unteren Rand, bisweilen auch in den Armhöhlen, Pterygesstreifen antreffen, so sind es zu diesen Typen gehörige Glieder, die geradezu ein Charakteristikum dieser Rüstform darstellen. Beim Metallpanzer können wir das nicht behaupten. Man bringt solche Ansatzstreifen an, zunächst einen, dann später mehrere, um den Typ den anderen Panzern gleichwertig zu machen, und zwar geschieht das um 480 zur Zeit der großen Reformen, die mit dem Zusammenstoß mit dem Osten, dem Persereinfall, zusammenhängen. Ein unbedingt notwendiger Bestandteil des Muskelpanzers jedoch sind die Pteryges in griechischer Zeit niemals geworden, wie die zahlreichen in allen Jahrhunderten nebenher vorkommenden Muskelschalen ohne eine solche untere Verlängerung deutlich beweisen. Erst in der römischen Zeit sind sie eine ständige Begleiterscheinung des Muskelpanzers.

Auf rotfigurigen Vasenbildern[1]) sowie an plastischen Werken (z. B. Parthenonfries)[2]) des 5. Jahrhunderts finden sich noch keine Schulterklappen vor. Die beiden Schalen schließen auf den Schultern eng aneinander mit den zwischen Halsausschnitt und Armlöchern stehengebliebenen brückenartigen Stücken.

Erst im 4. Jahrhundert, also erst nach dem Peloponnesischen Krieg, tauchen auf den Schultern besondere Klappen auf attischen Grabreliefs auf. Daneben gibt es in griechischer Zeit immer Exemplare ohne diese Einrichtung.

Übernommen sind die Schulterklappen zweifellos vom Linnenpanzer (s. d.) und vom Lederkoller, die ja beide, wie das in ihrer Machart begründet liegt, eine derartige Einrichtung brauchten, um das Herabgleiten des ziemlich locker sitzenden Panzers zu verhindern. An diesen beiden Typen haben wir Schultertragen schon seit ihrem Aufkommen im Gebrauch, also lange, bevor man sich dazu entschloß, eine gleiche Art von Schulterklappen am ausgeprägten Muskelpanzer anzubringen.

Mehrere schwer ins Gewicht fallende Gründe mögen zu dieser Neuerung geführt haben. Einerseits mag das durch Vergrößerung der Schalenfläche und durch Anbringen der Pteryges vermehrte Gewicht der Rüstung einen sicheren Achselschluß benötigt haben, wenn man auch nicht außer Erwägung lassen darf, daß beim Muskelpanzer infolge seiner Herstellungsart (Anschluß an die Körpermuskulatur) das Gewicht keineswegs allein, wie es bei den oben angeführten Rüstarten tatsächlich der Fall ist, auf den Schultern ruht, sondern sich gleichmäßiger auf den ganzen Rumpf verteilt. Vielmehr mag auf der anderen Seite die praktische Erfahrung den Entschluß, Schulterklappen anzubringen, gefördert haben. Denn die neue Vorkehrung bot sicherlich für die Achseln im Ernstfalle eine größere

---

1) Vgl. zum Fehlen der Schulterklappen: F.-R. Taf. 28, 75/76, 118; F.-R. B. I, Textbild, S. 128/129 und S. 132.

2) Smith: The Sculptures of the Parthenon (Frieze), z. B. Pl. 61, 63, 67.

Sicherung als die frühere Art, die Schalen lediglich aneinander stoßen zu lassen. Und das an einer besonders den feindlichen Angriffen ausgesetzten Stelle!

Die Form der Klappen ist verschieden. Auf der älteren Monumentengruppe[1]) setzen sie auf den Achseln in voller Schulternbreite an, nehmen dann aber gegen die Brust hin, also nach ihrem vorderen Ende zu, an Breite ab. Die Ränder verlaufen gern beiderseits in bogenförmiger Linie geschweift. Vorn geht die Klappe etwa auf der Mitte des Brustmuskels in einer bald mehr bald minder starken Rundung aus. Die Randpartie ist wulstartig verdickt, die Innenfläche glatt.

In hellenistischer und römischer Zeit tritt an Stelle dieser unregelmäßig-bizarren Gestaltung eine uns vom Lederpanzer[2]) her bekannte. Auch hier ist die Tendenz der Verjüngung nach dem vorderen Ende.[3]) Die Ränder verlaufen aber gerade und springen auf der einen Seite rechteckig oder geschwungen ein, so daß sich die Klappe stark verjüngt. Vorn haben wir dann entweder die Rundung wie oben, oder die Klappe ist geradlinig-wagerecht abgeschnitten. Auch hier kehrt der Randwulst und die im allgemeinen glatte Innenfläche wieder.

Einfacher, zunächst linear-ornamentaler, dann aber auch schon figürlicher Schmuck findet sich bei Linnenpanzer (s. d.) und Lederkoller[4]) in reichem Maß, um die Klappenfläche zu beleben. Besser noch als jene Materien eignet sich aber das Metall zur Ausschmückung und Modellierung. Man bringt bei kostbareren Stücken reiche Reliefdarstellungen in Treibarbeit an. Und diese Sitte nimmt gegen die römische Kaiserzeit hin immer mehr zu. Einige spätere zu Pergamon gefundene Reliefstücke[5]) haben z. B. einen ausschreitenden Jüngling, ein Medusenhaupt und eine geflügelte Nike vor einem Tropaion in erhabener Ausführung. Erinnert sei hier gleich an die uns erhaltenen Bronzen von Siris[6]), zwei Prachtstücke von Schulterklappen in Treibarbeit. Für die Kaiserzeit vergleiche man die Imperatorenstatuen, so den Augustus von Primaporta und andere.[7]) Da die Schulterklappen sonst glatt sind und nichts mit der Muskulatur der Schalen zu tun haben, so ist hier ornamental-figürlicher Schmuck wohlberechtigt, denn er verdeckt nichts — (anders dagegen steht es mit den Reliefs auf den Schalen) —, sondern belebt und ziert die ganze Rüstung.

Neben den reichverzierten Exemplaren haben wir auch ganz schmucklose, mit glatter Innenfläche.[8])

---

1) Conze: Attische Grabreliefs, Tfbd. II, Taf. CXLI, CCI, CCXLV; Ausonia V (1910) Tav. II.
2) Vgl. z. B. folgende Lederpanzerbeispiele: Vasen bis 480: F.-R. 34, 53, 54, 61, 72, 103 usw.; polygnotisch: F.-R. 75/76, 118/119; spätere: Eph. 1893; Pinax 2: J.H.St.1905 Vol.XXV, Pl. VII, Nr. 6
3) Rechteckig einspringend: Pergamon III₂, Taf. XXXIV₁; Milet II, Taf. XV; Magnesia Taf. XIII, 10k, 16k. Römisch: Bonner Studien, v. Rhoden, Taf. I—II; Br.Br. 490 (Augustus von Primaporta) s. S. 31 A. 2; geschwungen: Pergamon II, XLVII₂, VII, XXX; VII₂: Textbd. Nr. 348, Beiblatt 38.
4) Geometrischer Schmuck, z. B. Stern; Conze: Att. Grabreliefs B. I, Pl. II₁; F.-R. 15, 34, 52, 58; Schlange, F.-R. 25, 86; Blitz, G.A.V. 91; figürlicher: F.-R. Textbd. II, Abdg. 105, A. Fairbanks: Athenian Lekythoi, S. 131, Nr. 19, Abdg. 35; plastischer: Mon.ant. Vol. 18 (1907) S. 269, Fig. 40; als Klappenabschluß: Smith, The Sculptures of the Parthenon (Frieze), Pl. 45 und 64.
5) Pergamon VII₂, Textbd. Nr. 348, Beiblatt 38, ferner Textfg. S. 278.
6) Walters, Catalogue of the Bronzes in the Br. Mus. Nr. 285, Pl. VIII.   7) S. 31 A. 2.
8) So: Pergamon II, XLVII₂; Magnesia Taf. XIII, 10k, 16k. Allerdings kann uns auch

Aus welchem Material haben wir uns die Klappen zu denken? Wie die schon erwähnten Bronzen von Siris[1]) sowie die Reliefdarstellungen bezeugen, werden wir in allererster Linie an Bronze zu denken haben. Vielleicht verwendete man auch Kombinationen von Leder plus Bronze, indem man die aus dünnem Blech hergestellten Reliefs auf einer widerstandsfähigeren Materialunterlage anbrachte. Parallelen bieten ja die anderen Teile des Panzers, Schalen wie Pteryges, zur Genüge. Endlich legt die in späterer Zeit so völlige Übereinstimmung der Klappen mit solchen an Lederkollern in Form wie Behandlung nahe, an reine Lederklappen zu denken.[2]) Und auch hierzu bietet sich am Panzer selbst eine überzeugende Analogie: die weichen Pteryges aus Leder an Stelle der kombinierten in älterer Zeit.

Mit der Starrheit des Materials hängt es dann endlich auch zusammen, daß die Klappen entsprechend der Schulterwölbung leicht gekrümmt waren.

Die Schulterklappen sind für sich gearbeitet und an der Rückenschale befestigt. Ein durchlaufendes Scharnier[3]) verband Klappe und Schale fest miteinander. Wo an Stelle des starren Metalles Leder zur Anwendung kam, nietete man dies wohl einfach an der Rückenschale an.

Die Sicherung an der Brustseite ist verschieden. Am Klappenende sind Schnüre angebracht oder es ist ein Ring in die Endpartie eingelassen, durch den man Schnüre ziehen konnte. Etwa eine Hand breit unterhalb des Klappenendes befindet sich an der Brustschale jederseits ein Ring. An diese schleift man die Schulterklappen an.[4])

Daneben geben die Waffenfriesreliefs noch eine andere Art der Sicherung. Am Klappenunterteil des Exemplares A ist in der Mitte ein erhabener, runder Buckel angebracht.[5]) Da nun keine weitere Spur irgendeiner anderen Verschlußart angedeutet ist, so kann nur dieser Buckel ihn darstellen. Ich erklärte ihn (Seite 2) als druckknopfartig in seiner Mechanik.

Was über das Vorkommen der Pteryges am Muskelpanzer gesagt ist, das gilt in noch höherem Maß von den Schulterklappen. Sie finden sich erst nahezu ein ganzes Jahrhundert später als jene am Muskelpanzer, erst nach dem Peloponnesischen Krieg, der ja auch in der Bewaffnungsgeschichte eine einschneidende Rolle spielt. Und auch dann sind sie keineswegs immer da, sondern es finden sich daneben genug Beispiele, wo sie fehlen, wo man also bei der alten, schon am Glocken-

der heutige Zustand täuscht insofern, als einst Schmuck aufgemalt war, der heute gänzlich verloren gegangen ist.

1) Walters: Catalogue of the Bronzes in the Br. Mus. Nr. 285, Pl. VIII.

2) Man vergleiche namentlich außer dem Exemplar Pergamon II, XLVII₂ die von Magnesia Taf. XIII und Milet II, Taf. XV solche an Lederkollern.

3) Zum Scharnier vgl. die oben angeführten Bronzen von Siris oder den Panzer des Augustus von Primaporta, Br. Br. 490 Fig. 34.

4) Auf den oben angeführten attischen Reliefs fehlt jede Verschlußangabe. Sie muß, wie so vieles, auf dieser Reliefgattung einst durch Malerei angegeben gewesen sein. Der Verschluß wird aber analog dem des Lederkollers durch Verschleifung gebildet zu denken sein. — Pergamon III₂, XXXIV₁, VII, Taf. XXX. Gut sichtbar ist die Art des Verschlusses an den römischen Panzerstatuen, vgl. Bonner Studien a. a. O., Taf. I—III.

5) Vielleicht ist ein ähnlicher Verschluß, wofern nicht Ungenauigkeit des Malers vorliegt, bei dem Vasenbild F.-R. Taf. 127 (Polybotes) gemeint.

panzer üblichen Scharniersicherung stehen blieb. Wo ihre Vorbilder liegen, ist nicht schwer zu erraten: bei dem Linnenpanzer und dem Lederkoller. Ganz heimisch werden sie am Muskelpanzer erst in der römischen Epoche, wo sich überhaupt mehr und mehr die Eigenart der einzelnen Panzertypen verliert, eine Vermengung der den einzelnen Typen eigentümlichen Charakteristika stattfindet. Die von ihrer Ansatzstelle nach ihrem vorderen Abschluß zu sich in verschiedener Weise bald geschweift, bald stark einspringend verjüngenden Klappen werden vorn auf der Brust durch Verschleifung oder eine Art Druckknopf festgemacht. Die Klappenfläche wird bei reicher ausgestatteten Rüstungen mit getriebenen Reliefs verziert. Als Material kam Bronze, dann aber auch Bronze auf Leder sowie, namentlich in späterer Zeit, bloß Leder in Betracht. Mit der Rückenschale sind die Metallklappen durch Scharniere verbunden, die aus Leder aber durch Aufnieten befestigt.

FELDBINDE

Ich muß noch auf eine weitere am Metallpanzer vorkommende Zutat eingehen: auf die Feldbinde. Daß sie am Pergamener Waffenfries nur am Lederpanzer[1]) und nicht auch über der Metallrüstung anzutreffen ist, beruht wohl nur auf Zufall und dem trümmerhaften Erhaltungszustand der Reliefplatten. Andere aus der Attalidenresidenz stammende Monumente mit Kriegern in Metallpanzerung beweisen, daß sie tatsächlich auch hier wie in Magnesia[2]) oder Milet[3]) bekannt war. So kehrt sie am Telephosfries[4]) mehrfach wieder.

Zur Beschreibung ziehe ich die an den Lederpanzern des Waffenfrieses gegebenen Beispiele heran.

Um mehrere Lederkoller ist ungefähr in der Taille eine wagerecht um den Leib herumlaufende Binde geschlungen. Sie besteht aus einem bandartigen Streifen und ist etwa eine Hand breit. Ihre Länge ist, wie sich aus den Darstellungen ergibt, verschieden, je nachdem man sie ein, zwei oder dreimal um den Körper herumlegte. Man band sie vorn in eine Schleife, deren Enden mitunter noch unter das Band gesteckt wurden, um in der Bewegungsfreiheit unbehinderter zu sein.

---

1) Pergamon II, Taf. XLIII (= A); XLV₂ (= C); XLVIII₁ (= D). Es sei bemerkt, daß den Gürteln in Gestaltung wie Material die am gleichen Waffenfries und auch anderswo vorkommenden, an der Schwertscheide hängenden Bänder nicht unähnlich sind. (Am Waffenfries z. B.: Pergamon II, Taf. XLV Nr. 1 (oben rechts); Nr. 2 (oben links) — abweichend dagegen ist Nr. 2 (unten rechts); Taf. XLIII. Man vergleiche hierzu die Darstellung auf einem Wandgemälde aus Gnathia: Röm. Mittlg. 1912, B. XXVII, S. 111, Abdg. 2 (wo der Griff des Schwertes als Pferdekopf gebildet ist, also ebenfalls ein am Waffenfries mehrfach wiederkehrendes Motiv). Auch hier weisen die Schärpen Befransung auf.

2) Magnesia Pl. XIII XIV. Hier findet sich die Binde namentlich an den Lederkollern außerordentlich häufig. Wenn wir nicht annehmen wollen, daß das zahlreiche Vorkommen einer Laune des Meisters oder der Besteller entsprungen ist, gehen wir wohl nicht fehl — da wir in der Binde ein Abzeichen erkennen werden — hier eine ganze Versammlung von Helden zu sehen (etwa wie in den Giebeln von Aegina). Das paßt auch gut zu dem Thema des Amazonenkampfes.

3) Milet, B. II, Pl. XV.

4) Pergamon III₂, Pl. XXXIV₁ und XXXV₁.

Aus was für Material bestanden die Binden? Leder kommt wohl kaum in Betracht, dagegen Tuchstreifen. Sie waren, wie der Alexandersarkophag[1]) uns zeigt, farbig und hoben sich so besser von dem darunter liegenden Material ab, gaben dem Körper — entsprechend der Koppel unseres Militärs oder dem Gürtel der Frauen — eine wagerechte Einteilung.

In ihrer Farbigkeit trugen sie ohne Zweifel viel zum Schmuck des Trägers bei.

Ebenso sollen die an ihren Enden angebrachten Fransen, die doch wohl aus anderem Stoff zu denken sind, die Binde nur schmücken. Vielleicht waren diese Fransen in natura noch durch eine vom Tone der Binde abweichende, mit ihr aber harmonierende Farbenschattierung als besonderes Glied hervorgehoben. Der Alexandersarkophag gibt darüber leider nichts aus.

Die Binde gehört wohl kaum wie die in den vorhergehenden Abschnitten behandelten Pteryges und Schultertragen zu den verbessernden Zutaten des Panzers. Ich glaube nicht, daß man sie neben den anderen Verschlußvorrichtungen etwa als eine Sicherung zweiten Grades anzusprechen hat. Auch als bloßes Schmuckmotiv — etwa dazu bestimmt, die eintönige glatte Fläche (namentlich des Lederkollers, weniger des durch seine Muskulaturangabe belebten Metallharnischs) durch einen wagerecht verlaufenden Streifen zu teilen und zu gliedern — hat es keine vollständige Berechtigung. Es muß etwas anderes dahinterstecken. Die Frage ist wohl folgendermaßen zu lösen: Durch das Anbringen einer solchen Binde hat man eine bestimmte Person, etwa die höheren Offiziere oder auch nur den Feldherrn als solchen vor allen anderen Kriegern kenntlich machen wollen. Die Binde ist somit als ein Abzeichen zu betrachten. Sie kommt auf in der Zeit Alexanders. Und gerade dieser König ist auf den uns gebliebenen Darstellungen mehrfach damit ausgezeichnet. Sie wird als ein Hoheitszeichen anzusehen sein und in ihrer Bedeutung etwa der weißen Binde gleichkommen, welche die makedonischen Könige um ihre Kausia trugen. Erinnert sei auch an die gleichzeitig aufkommende, direkt ins Haar gelegte Diadembinde, die in gleicher Weise als ein fürstliches Abzeichen aufzufassen ist.

In der römischen Kaiserzeit behält die Feldbinde die gleiche Bedeutung. Sie wird, was namentlich an den beiden zu Ehren Trajans und Mark Aurels errichteten Säulen jedem Beschauer sogleich in die Augen fällt, nur von dem Kaiser, dessen Stellvertreter oder seinen Familienmitgliedern über dem Panzer angelegt, sicherlich nur deswegen, um die betreffenden Personen aus der Menge der Dargestellten hervorzuheben. Die römischen Kaiser sind demnach wie in vielen anderen Dingen so auch in dieser Sitte lediglich die Fortsetzer der hellenistischen Herrscher und der bei ihnen üblichen Gebräuche.

Bei der Erörterung, was denn eigentlich die Bestimmung der Binde sei, ist auch die Frage nach ihrer Herkunft bereits mit angeschnitten worden. Man könnte an den Orient als Ursprungsland denken, zumal bei den damals d. h. zur Zeit Alexanders herrschenden, regen Beziehungen zu dem Osten. Viel näher jedoch liegt es, den Ursprung in Griechenland oder in Makedonien selbst zu suchen. Es fragt sich

---

1) Hamdy-Bey-S. Reinach: Nécropole de Sidon, Pl. XXXVI₁.

sehr, ob nicht die griechische, zunächst nur für den Gottesdienst und seine engeren und weiteren Handlungen bestimmte Tänie der Ausgangspunkt ist. Dies Motiv würde für jene Zeitrichtung, als die griechischen Monarchen unter dem Einfluß asiatischer Vorbilder einen göttlichen Charakter haben, sich schon zu Lebzeiten opfern lassen, gut passen. Sie legen die eigentlich nur den Göttern zukommenden Binden sich selbst an, um dadurch ihre Machtvollkommenheit, ihr Gottesgnadentum auch äußerlich durch die Attribute zu dokumentieren. Dies ist die eine Möglichkeit. Es kann aber hier auch eine rein makedonische Sitte zugrunde liegen. Es ist denkbar, daß den makedonischen Königen und ihrer nächsten Umgebung ein derartiges Abzeichen von alters her zukam, das jetzt beim Eintreten der Makedonen in die Geschichte bekannt und verbreitet wird. Die ältere Geschichte Makedoniens liegt für uns so gut wie ganz im dunkeln, so daß ein Zurückverfolgen des Motivs und somit ein Erhärten dieser Annahme nicht möglich ist.

5. ERHALTENE MUSKELPANZER

Neben den bildlichen und monumentalen Darstellungen dürfen gewiß nicht die uns erhaltenen Muskelpanzerschalen außer acht gelassen werden. Die Mehrzahl stammt aus den Kammergräbern Etruriens, einige Exemplare fanden sich auch bei umfangreicheren Grabungen, wie in Olympia. Fast alle größeren Museen[1]), so Berlin, London, Paris, Neapel, Karlsruhe usw. besitzen Schaustücke dieser Art. Form wie Ausschmückung stimmen mit dem aus den Monumenten erschlossenen Bilde überein, so daß es sich erübrigt, nochmals eine eingehende Beschreibung zu geben. In den folgenden Abschnitten soll nur noch besonders hervorgehoben werden, was die erhaltenen Panzer bezüglich ihrer Teile genauer erkennen lassen als die Darstellungen.

Zunächst haben wir am Halsabschnitt eine auf den Vasenbildern fehlende Einrichtung, die wohl durch die praktische Erfahrung sich als notwendig herausstellte. Um nämlich den Hals vor Verletzungen, die durch den scharf abschneidenden Panzerrand entstehen können, zu schützen, läßt man das Metall an der Halsrundung nicht gerade endigen, sondern rollt es nach außen volutenartig ein[2]) — (mitunter um einen Draht) — so daß eine stabförmige Rundung den Abschluß bildet. Sie bietet keinerlei scharfe Kanten, hilft somit dem Übelstande ab. Die gleiche Vorrichtung bringt man auch an den anderen Stellen, wo der

---

1) Erhaltene Exemplare: Karlsruhe: Schumacher: Bronzen Nr. 711 = Taf. XIII$_{18}$ u. Taf. XXIII Nr. 712: abgbdt. Lindenschmit, A.h.V.I$_3$, Taf. I Nr. 1 u. 2 = Baumeister Denkmäler Fig. 2246 u. 2247. Neapel: F. Woege: Arch. Jahrb. 1909, S. 142/143 Fig. 17 Nr. 1; Mus. Borbon. Vol. IV Taf. XLIV$_5$. Paris: Babelon-Blanchet: Catalogue des Bronzes antiques S. 657 (Bibliothèque nationale); Louvre (mehrere Exemplare). Canosa: Exemplar aus s. F.-R. II S. 101 u. Anm. 2. Florenz: Milani: Museo topografico dell'Etruria 1898 S. 49. London: Walters: Catalogue of the Bronzes in the Br. Mus. Nr. 2846—2851. Rom: Museo Gregoriano B. I Tav. LXXXIV Nr. 9.

2) Olympia IV Nr. 979 ff.

Panzer endigt, in derselben Absicht an: an den Armlöchern, sowie am unteren Panzerrande.

Eine aus den Darstellungen nicht zu erschließende Ausschmückung kommt noch an Metallpanzern vor: eingravierte Bildstreifen. Zwei zu Olympia zutage geförderte Beispiele[1]) können uns das veranschaulichen. Leider sind nur die Rückenschalen auf uns gekommen — die Bruststücke fehlen —, so daß schwer zu entscheiden ist, inwieweit die Muskelformen ausgeprägt waren. An den Rückenteilen ist nur die Schulterblattlinie hervorgehoben, die übrige glatte Schalenfläche ist mit eingravierten Bildern ornamentiert. Diese Beispiele werden auch immer etwas ganz Besonderes, Ungewöhnliches gewesen sein.

In der Verschlußfrage kommen wir an der Hand der verhandenen Muskelschalenpanzer einen Schritt weiter als bei den Darstellungen. Was dort mehr auf Vermutung basierte, wird zur Tatsache erhoben.

Die beiden eben schon angeführten Rückenschalen aus Olympia[2]) weisen unter dem Achselloch und am unteren Rande Ösen auf (und zwar an der Außenseite des Harnisches), die zu keinem anderen Zweck angebracht sein können, als Riemen zum Aneinanderschließen der beiden Schalen aufzunehmen. Wir müssen uns demnach an den nicht erhaltenen Brustschalen dieselbe Einrichtung an den entsprechenden Stellen vorstellen. Durch je ein Paar solcher gegenständiger Ösen wurde ein Riemen oder Band gezogen und dann verschleift, wie wir das bei den Schulterklappen kennen lernten.

Neben der Verschnürung machte man in ausgedehntem Maße Gebrauch von Scharnieren, um die Schalen fest aneinander zu ketten. So hat ein zu Karlsruhe befindliches Muskelpanzerstück folgende Einrichtung.[3]) Vorausschicken muß ich noch, daß die beiden Schalen kaum zusammengehören, und wir uns darum besser auf die Brustschale nebst ihren erhaltenen Verschlußansätzen beschränken. An der linken Seite haben wir zwei Ringe, an der rechten ein ganz durchlaufendes Scharnier mit schmalem, doppeltem Blechstreifen. Ein gleiches ist auf der linken Schulter. An der rechten fehlt es, wird aber analog dem links vorgefundenen zu ergänzen sein. Dem Brustteile entsprechend muß die dazugehörige Rückenschale eingerichtet gewesen sein.

Wollte man den Panzer anlegen, so öffnete man die beiden durch Verschleifung oder das durchgeführte Scharnier dauernd verbundenen Schalen, klappte sie über dem Körper zusammen, steckte die Stifte in die Schulterverschlüsse und verschloß endlich auf der anderen Seite die Schalen durch Verschnüren der Ringe mit Bändern oder Riemen. Man konnte so ohne fremde Hilfe den Panzer anziehen sowie sich seiner entledigen.

---

1) Vgl. Olympia IV Nr. 980 Taf. LVIII u. LIX. Text S. 153 Nr. 979, 980ff., 982—983; Schumacher: Bronzen von Karlsruhe 711, 712.

2) s. Anm. 1.

3) Schumacher: Bronzen von Karlsruhe Nr. 712.

6. LITERARISCHE ZEUGNISSE

Homer kennt den Metallpanzer bereits. Was er uns von dieser Rüstform berichtet, ist in den Arbeiten von Helbig „Das homerische Epos", von Reichel „Homerische Waffen", sowie von C. Robert „Studien zur Ilias" zusammengebracht und erörtert. Hier nur kurz folgendes: Homer gibt die Ausdrücke für die Schalen wie den Gesamtpanzer Ilias V_{99}, XIII_{507}: „$\vartheta\dot{\omega}\varrho\eta\varkappa o\varsigma$ $\gamma\dot{v}\alpha\lambda o\nu$". „$\Gamma\dot{v}\alpha\lambda o\nu$[1]" bedeutet zunächst „Wölbung", dann kommt es zu dem Sinn unserer „Schale". Unter „$\vartheta\dot{\omega}$-$\varrho\eta\xi$" ist der ganze, aus zwei Schalen bestehende Panzer verstanden. Daß das tatsächlich der Fall ist, geht aus Ilias $XV_{529/530}$ hervor:

„$\pi v\varkappa\iota\nu\dot{o}\varsigma$ $\delta\dot{\varepsilon}$ $o\dot{\iota}$ $\eta\varrho\varkappa\varepsilon\sigma\varepsilon$ $\vartheta\dot{\omega}\varrho\eta\xi$,
$\tau\dot{o}\nu$ $\dot{\varrho}$' $\dot{\varepsilon}\varphi\dot{o}\varrho\varepsilon\iota$ $\gamma v\dot{\alpha}\lambda o\iota\sigma\iota\nu$ $\dot{\alpha}\varrho\eta\varrho\dot{o}\tau\alpha$."

Xenophon nennt in seiner Beschreibung einer zweckmäßigen Reiterausrüstung den Panzer schlechtweg „$\vartheta\dot{\omega}\varrho\alpha\xi$". Es kann an dieser Stelle allerdings auch der Lederpanzer gemeint sein, denn eine Materialangabe fehlt. Dagegen spricht aber folgender Satz: (de re equestri Cap. XII § 1) „$\pi\varrho\tilde{\omega}\tau o\nu$ $\mu\dot{\varepsilon}\nu$ $\tau o\dot{\iota}\nu v\nu$ $\varphi\alpha\mu\dot{\varepsilon}\nu$ $\chi\varrho\tilde{\eta}\nu\alpha\iota$ $\tau\dot{o}\nu$ $\vartheta\dot{\omega}\varrho\alpha\varkappa\alpha$ $\pi\varrho\dot{o}\varsigma$ $\tau\dot{o}$ $\sigma\tilde{\omega}\mu\alpha$ $\pi\varepsilon\pi o\iota\tilde{\eta}\sigma\vartheta\alpha\iota$, $\ddot{o}\tau\iota$ $\tau\dot{o}\nu$ $\mu\dot{\varepsilon}\nu$ $\varkappa\alpha\lambda\tilde{\omega}\varsigma$ $\dot{\alpha}\varrho\mu\dot{o}\zeta o\nu\tau\alpha$ $\ddot{o}\lambda o\nu$ $\varphi\dot{\varepsilon}\varrho\varepsilon\iota$ $\tau\dot{o}$ $\sigma\tilde{\omega}\mu\alpha$, $\tau\dot{o}\nu$ $\delta\dot{\varepsilon}$ $\ddot{\alpha}\gamma\alpha\nu$ $\chi\alpha\lambda\alpha\varrho\dot{o}\nu$ $o\dot{\iota}$ $\tilde{\omega}\mu o\iota$ $\mu\dot{o}\nu o\iota$ $\varphi\dot{\varepsilon}\varrho o v\sigma\iota\nu$, $\ddot{o}\gamma\varepsilon$ $\mu\dot{\eta}\nu$ $\lambda\dot{\iota}\alpha\nu$ $\sigma\tau\varepsilon\nu\dot{o}\varsigma$ $\delta\varepsilon\sigma$-$\mu\dot{o}\varsigma$ $o\dot{v}\chi$ $\ddot{o}\pi\lambda o\nu$ $\dot{\varepsilon}\sigma\tau\dot{\iota}\nu$."

Hier empfiehlt der Autor also, man solle den Panzer genau nach dem Körper arbeiten lassen, damit der ganze Rumpf am Tragen beteiligt sei, und nicht, wenn er zu weit ist, bloß die Schultern die ganze Last zu tragen haben. Zu eng darf er natürlich auch nicht sein, um dem Krieger nicht den Atem zu nehmen, ihn zu fesseln. Dieser ganze Passus kann aber ganz unmöglich auf den Lederpanzer gehen, der einerseits ziemlich viel Spielraum zur freieren Bewegung bot, andrerseits tatsächlich in seiner Hauptlast mit den Schultern getragen wurde. Denn dazu sind am Lederkoller die Tragen in erster Linie angebracht. Viel besser paßt diese Angabe auf den Muskelpanzer, und zwar auf den zu Xenophons Zeiten bereits gänzlich durchgedrungenen jüngeren Typus, wie ihn zuerst vereinzelt Duris, dann häufiger die unter Polygnots Einfluß stehenden Vasenbilder zeigen. Ihn arbeitete man möglichst genau nach den Formen des Körpers, d. h. man trieb ihn über Leistenformen, wie dies bei den Beinschienen z. B. auch der Fall war.

Er sagt dann einige Zeilen später: „$\dot{o}$ δ' $\alpha\tilde{v}$ $\vartheta\dot{\omega}\varrho\alpha\xi$ $o\ddot{v}\tau\omega\varsigma$ $\varepsilon\dot{\iota}\varrho\gamma\dot{\alpha}\sigma\vartheta\omega$ $\dot{\omega}\varsigma$ $\mu\dot{\eta}$ $\varkappa\omega\lambda\dot{v}\eta$ $\mu\dot{\eta}\tau\varepsilon$ $\varkappa\alpha\vartheta\dot{\iota}\zeta\varepsilon\iota\nu$ $\mu\dot{\eta}\tau$' $\dot{\varepsilon}\pi\iota\varkappa\dot{v}\pi\tau\varepsilon\iota\nu$." Auch eine Forderung, die für den Praktiker dringend notwendig war, und die sich eher auf den starren Metalltyp als auf den schon etwas beweglichen Lederpanzer bezieht.

Zur Ergänzung dieser Ausführungen sei noch eine weitere Auslassung über den Panzer, die derselbe Autor in den Memorabilien[2] (III C. X, 9—15) gibt, heran-

---

1) Die Stellen, wo $\gamma\dot{v}\alpha\lambda\alpha$ erwähnt werden, bei Robert a. a. O. S. 30, zu $\vartheta\dot{\omega}\varrho\eta\xi$ s. a. gl. O. S. 27ff.

2) Xenophon: $\dot{A}\pi o\mu\nu\eta\mu o\nu\varepsilon\dot{v}\mu\alpha\tau\alpha$ Lib. III Cap. X § 9—15:
„$\Pi\varrho\dot{o}\varsigma$ $\delta\dot{\varepsilon}$ $\Pi\iota\sigma\tau\dot{\iota}\alpha\nu$ $\tau\dot{o}\nu$ $\vartheta\omega\varrho\alpha\varkappa o\pi o\iota\dot{o}\nu$ $\varepsilon\dot{\iota}\sigma\varepsilon\lambda\vartheta\dot{\omega}\nu$, $\dot{\varepsilon}\pi\iota\delta\varepsilon\dot{\iota}\xi\alpha\nu\tau o\varsigma$ $\alpha\dot{v}\tau o\tilde{v}$ $\tau\tilde{\omega}$ $\Sigma\omega\varkappa\varrho\dot{\alpha}\tau\varepsilon\iota$ $\vartheta\dot{\omega}\varrho\alpha\varkappa\alpha\varsigma$ $\varepsilon\tilde{v}$ $\varepsilon\dot{\iota}\varrho\gamma\alpha\sigma\mu\dot{\varepsilon}\nu o v\varsigma$. $N\dot{\eta}$ $\tau\dot{\eta}\nu$ $\H{H}\varrho\alpha\nu$, $\ddot{\varepsilon}\varphi\eta$, $\varkappa\alpha\lambda\dot{o}\nu\gamma\varepsilon$, $\tilde{\omega}$ $\Pi\iota\sigma\tau\dot{\iota}\alpha$, $\tau\dot{o}$ $\varepsilon\ddot{v}\varrho\eta\mu\alpha$ $\tau\dot{o}$ $\tau\dot{\alpha}$ $\mu\dot{\varepsilon}\nu$ $\delta\varepsilon\dot{o}\mu\varepsilon\nu\alpha$ $\sigma\varkappa\dot{\varepsilon}$-$\pi\eta\varsigma$ $\tau o\tilde{v}$ $\dot{\alpha}\nu\vartheta\varrho\dot{\omega}\pi o v$ $\sigma\varkappa\varepsilon\pi\dot{\alpha}\zeta\varepsilon\iota\nu$ $\tau\dot{o}\nu$ $\vartheta\dot{\omega}\varrho\alpha\varkappa\alpha$, $\tau\alpha\tilde{\iota}\varsigma$ $\delta\dot{\varepsilon}$ $\chi\varepsilon\varrho\sigma\dot{\iota}$ $\mu\dot{\eta}$ $\varkappa\omega\lambda\dot{v}\varepsilon\iota\nu$ $\chi\varrho\tilde{\eta}\sigma\vartheta\alpha\iota$. $\dot{\alpha}\tau\dot{\alpha}\varrho$, $\ddot{\varepsilon}\varphi\eta$, $\lambda\dot{\varepsilon}\xi o\nu$ $\mu o\iota$, $\tilde{\omega}$ $\Pi\iota\sigma\tau\dot{\iota}\alpha$, $\delta\iota\dot{\alpha}$ $\tau\dot{\iota}$ $o\ddot{v}\tau$' $\dot{\iota}\sigma\chi v\varrho o\tau\dot{\varepsilon}\varrho o v\varsigma$ $o\ddot{v}\tau\varepsilon$ $\pi o\lambda v\tau\varepsilon\lambda\varepsilon\sigma\tau\dot{\varepsilon}\varrho o v\varsigma$ $\tau\tilde{\omega}\nu$ $\ddot{\alpha}\lambda\lambda\omega\nu$ $\pi o\iota\tilde{\omega}\nu$ $\tau o\dot{v}\varsigma$

gezogen. Auch hier spricht er davon, daß die Panzer gut gearbeitet („*θώρακας ευ ειργασμένους*") sein müßten. Neu fügt er folgendes hinzu. Der Panzer dürfe die Arme nicht in der Bewegung hindern. Er müsse *εύρυθμος* und individuell, den einzelnen Körperformen entsprechend gefertigt sein. Richtig gearbeitete Schalen müssen auch beim Bücken richtig sitzen. Endlich muß die Last ordentlich, d. h. gleichmäßig verteilt sein. Es dürften nicht bloß die Schultern oder bloß die unteren Partien tragen. Alle Teile sollen in gleicher Weise Anteil haben. Besonders berechtigt ist diese Forderung bei den Muskelpanzern des 4. Jahrhunderts, die noch keine Schultertragen besitzen. Die späteren mit dieser Einrichtung ausgestatteten Rüstungen hatten sie weniger nötig. Xenophon kommt noch öfter auf die *θώρακες* zu sprechen (so nennt er (Kyr. VII₂) *θώρακες χαλκοί* in der Umgebung des Kyros) ohne weitere Erläuterungen zu geben.

Angeführt sei hier noch ein dritter später Autor: Pausanias. Bei seiner Beschreibung der Gemälde in der Lesche der Knidier zu Delphi erwähnt er bei dem ersten Bilde, das die Einnahme Ilions und die Abfahrt der Griechen darstellte, einen Panzer. Die Rüstung liegt auf einem Altar (X, 26₃). Er spricht von einem „*θώραξ χαλκοῦς*", wie man ihn „früher" trug. Dann fährt er fort: „*δύο ἦν χαλκᾶ* „*ποιήματα, τὸ μὲν στέρνῳ καὶ τοῖς ἀμφὶ τὴν γαστέρα ἁρμόζον, τὸ δὲ ὡς νώτου* „*σκέπην εἶναι γύαλα ἐκαλοῦντο. τὸ μὲν ἔμπροσθεν τὸ δὲ ὄπισθεν προσῆγον,* „*ἔπειτα περόναις συνῆπτον πρὸς ἄλληλα . . .*" Im folgenden nennt er einen solchen Panzer noch *γυαλοθώραξ*. Die ganzen Ausführungen stimmen mit der gegebenen Detailbeschreibung genau überein, so daß sich eine eingehende Behandlung erübrigt. Weitere Belegstellen gibt D.-S. lorica S.1304 Anm.4.

Wir gewinnen somit die im ganzen Altertum für unseren Panzer üblichen Ausdrücke; für das Ganze: *θώραξ, θώραξ χαλκός* oder *γυαλοθώραξ*, für die Schalen im einzelnen *γύαλα*.

Namen wie Zweck der Pteryges gibt Xenophon in seinem 12. Kapitel des Buches „de re equestri" an. Er sagt dort im § 4: „*περὶ δὲ τὸ ἦτρον καὶ τὰ αἰδοῖα*

θώρακας πλείονος πωλεῖς; Ὅτι, ἔφη, ὦ Σώκρατες, εὐρυθμοτέρους ποιῶ. Τὸν δὲ ῥυθμόν, ἔφη, πότερα μέτρῳ ἢ σταθμῷ ἀποδεικνύων πλείονος τιμᾷ; οὐ γὰρ δὴ ἴσους γε πάντας οὐδὲ ὁμοίους οἶμαί σε ποιεῖν, εἴγε ἁρμόττοντας ποιεῖς. Ἀλλὰ νὴ Δί', ἔφη, ποιῶ· οὐδὲν γὰρ ὄφελός ἐστι θώρακος ἄνευ τούτου. Οὐκοῦν, ἔφη, σώματά γε ἀνθρώπων τὰ μὲν εὔρυθμά ἐστι, τὰ δὲ ἄρρυθμα; Πάνυ μὲν οὖν, ἔφη. Πῶς οὖν, ἔφη, τῷ ἀρρύθμῳ σώματι ἁρμόττοντα τὸν θώρακα εὔρυθμον ποιεῖς; Ὥσπερ καὶ ἁρμόττοντα, ἔφη· ὁ ἁρμόττων γάρ ἐστιν εὔρυθμος. Δοκεῖς μοι, ἔφη ὁ Σωκράτης τὸ εὔρυθμον οὐ καθ' ἑαυτὸ λέγειν, ἀλλὰ πρὸς τὸν χρώμενον, ὥσπερ ἂν εἰ φαίης ἀσπίδα, ᾧ ἂν ἁρμόττῃ, τούτῳ εὔρυθμον εἶναι, καὶ χλαμύδα, καὶ τ' ἄλλα ὡσαύτως ἔοικεν ἔχειν τῷ σῷ λόγῳ. Ἴσως δὲ καὶ ἄλλοτι οὐ μικρὸν ἀγαθὸν τῷ ἁρμόττειν πρόσεστι. Δίδαξον, ἔφη, ὦ Σώκρατες, εἴ τι ἔχεις. Ἧττον, ἔφη, τῷ βάρει πιέζουσι οἱ ἁρμόττοντες τῶν ἀναρμόστων τὸν αὐτὸν σταθμὸν ἔχοντες· οἱ μὲν γὰρ ἀνάρμοστοι ἢ ὅλοι ἐκ τῶν ὤμων κρεμάμενοι ἢ καὶ ἄλλο τι τοῦ σώματος σφόδρα πιέζοντες δύσφοροι καὶ χαλεποὶ γίγνονται· οἱ δὲ ἁρμόττοντες, διειλημμένοι τὸ βάρος τὸ μὲν ὑπὸ τῶν κλειδῶν καὶ ἐπωμίδων, τὸ δὲ ὑπὸ τῶν ὤμων, τὸ δὲ ὑπὸ τοῦ στήθους, τὸ δὲ ὑπὸ τοῦ νώτου, τὸ δὲ ὑπὸ τῆς γαστρός, ὀλίγου δεῖν οὐ φορήματι, ἀλλὰ προσθήματι ἐοίκασιν. Εἴρηκας, ἔφη, αὐτὸ δὶ ὅπερ ἔγωγε τὰ ἐμὰ ἔργα πλείστου ἄξια νομίζω εἶναι· ἔνιοι μέντοι τοὺς ποικίλους καὶ τοὺς ἐπιχρύσους θώρακας μᾶλλον ὠνοῦνται. Ἀλλὰ μήν, ἔφη, εἴ γε διὰ ταῦτα μὴ ἁρμόττοντας ὠνοῦνται, κακὸν ἐμοιγε δοκοῦσι ποικίλον τε καὶ ἐπίχρυσον ὠνεῖσθαι. ἀτάρ, ἔφη, τοῦ σώματος μὴ μένοντος, ἀλλὰ τοτὲ μὲν κυρτουμένου, τοτὲ δὲ ὀρθουμένου, πῶς ἂν ἀκριβεῖς θώρακες ἁρμόττοιεν; Οὐδαμῶς, ἔφη. Λέγεις, ἔφη, ἁρμόττειν οὐ τοὺς ἀκριβεῖς, ἀλλὰ τοὺς μὴ λυποῦντας ἐν τῇ χρείᾳ. Αὐτός, ἔφη, τοῦτο λέγεις, ὦ Σώκρατες, καὶ πάνυ ὀρθῶς ἀποδέχει."

„καὶ τὰ κύκλῳ αἱ πτέρυγες τοιαῦται καὶ τοσαῦται ἔστωσαν ὥστε στέγειν τὰ μέλη.“
Sie umstehen demnach den Unterleib im Kreise und sind dazu bestimmt, diese
Weichteile zu schützen. — Was bedeutet der Ausdruck πτέρυγες sonst? In seiner
Grundbedeutung bezeichnet er die „Federn“. In diesem Sinne ist er etwa für den
Federschmuck am Helm zu verwenden. Dann gebraucht man das Wort für das,
was aus Federn zusammengesetzt ist, also: den Flügel. In übertragenem Sinne
haben wir das Wort in der Architektur: bei der Säulenstellung des Tempels
spricht man bekanntlich von einem „περίπτερος“ (ein Tempel, der ringsum von
einer Säulenreihe umgeben ist) oder von einem „δίπτερος“ (der zwei solche umlaufende Säulenstellungen besitzt). Hier, für die Lederklappen des Panzers mag
man den Ausdruck gewählt haben, weil die Teile alle einzeln beweglich sind, bei
heftiger Bewegung auf und nieder flattern. Außerdem mag auch die Anordnung
der Klappen, die wie die Federn am Flügel eines Vogels übereinanderliegen und
die zwischen ihnen bleibenden Lücken decken, zur Bezeichnung πτέρυγες geführt haben.

Für die Schulterklappen fehlt uns, soviel ich sehe, ein derartiger Fachaus-
druck im Griechischen. Auch für den Halsschutz. Denn der bei Xenophon (s. o.)
gegebene: „στέγασμα“, der allgemein nur „Bedeckung“ bedeutet, ist wohl kaum
als eine für den Halsschutz üblich gewesene technische Bezeichnung anzusprechen.

7. ALLGEMEINE PUNKTE

Muskelpanzer, Linnenrüstung wie Lederkoller verfolgen im Prinzip alle ganz
den gleichen Zweck. Alle drei Typen sollen Brust, Bauch, Rücken sowie einen
Teil der Oberschenkel (mitunter auch der Oberarme und den Hals) gegen feind-
liche Angriffe möglichst schützen. Vornehmer war sicherlich der Metallpanzer,
wenn er auch, wie wir gesehen haben, zeitweise durch den bedeutend vollkommeneren Lederpanzer zurückgedrängt wurde, bis er sich die Vorzüge des anderen
Typus zunutze machte. Denn ganz erfüllt der ausgeprägte Muskelpanzer seinen
Zweck erst, seitdem er vom Lederkoller die Pteryges und als letztes Glied in der
Reihe auch die Schulterklappen übernommen hat. Wie aus Xenophons Schrift:
„de re equestri“ hervorgeht, scheint er namentlich von Reitern getragen worden
zu sein. Hierfür sprechen mehrere Gründe. Zunächst suchte sich jeder Vornehme
und Begüterte beritten zu machen. Wer sich aber ein Pferd leisten konnte, hatte
auch die Mittel, sich eine seinem Stande entsprechende Rüstung anzuschaffen.
Und das war der Muskelpanzer. Waren auch, wie ich annehme, Metallschalen
samt Auspolsterung etwas schwerer als das Lederwams, so konnte ihn (den Träger)
das wenig stören; denn er brauchte es nicht zu tragen, er war ja beritten und so
mancher Anstrengung überhoben. Mit den eben gemachten Ausführungen soll
nun aber keineswegs gesagt sein, daß nur die ἱππεῖς einen Muskelpanzer trugen.
Es konnte ein jeder Hoplit, sofern seine Mittel es erlaubten, sich einen Muskelpanzer anschaffen. Man muß sich hierbei immer vor Augen halten, daß bei den
Alten die Leute sich die Waffen ja selbst stellen mußten (daher: ὅπλα παρεχό-

Material. Aussehen 51

μενοι), also die Anschaffungskosten von den Kriegern selbst getragen werden mußten, ganz im Gegensatz zu unseren heutigen Verhältnissen, wo der Staat Uniform wie die übrige Ausrüstung liefert, die Leute einkleidet. Der antike Staat stellt demnach in dieser Beziehung höhere Anforderungen an seine Bürger als unser Zeitalter. Selbst in dem demokratischen Athen[1]) war das so. Wir haben es hier mit einem grundlegenden Unterschied zwischen moderner Auffassung und antiker Anschauung zu tun, der es besonders verdient, hervorgehoben zu werden. Endlich mag der Muskelpanzer auch — war er aus gutem Material — einen ungleich größeren Schutz gewährt haben als das Lederkoller, somit seinen Zweck besser erfüllt haben.

Als Material benutzte man meist Bronze, seltener Eisen. Die Bevorzugung der Bronze wird namentlich darin zu suchen sein, daß sie sich leichter in die gewünschte Form bringen läßt als Eisen, dessen Bearbeitung, da das Material einen bedeutenderen Härtegrad besitzt, schon eine höhere Technik erfordert.

Um das Aussehen des Panzers zu heben, um ihn noch kostbarer erscheinen zu lassen, überzog man die Hauptmaterie (also Bronze oder Eisen) gern mit einer edleren Metallsorte, z. B. mit Gold. Eine analoge Herstellungsart haben wir bei den Metallpanzerschuppen (s. Schuppenpanzer), deren Kern aus gewöhnlichem, festem Material bestand, während die äußere Hülle aus edlerem Stoff hergestellt war. Xenophon[2]) erwähnt, daß man besonders gern „ποικίλους καὶ ἐπιχρύσους θώρακας" gekauft habe. In dem Ausdruck ἐπίχρυσος[3]) liegt die Herstellungsweise deutlich ausgesprochen. Das Gold liegt nur darauf, bildet nur eine dünne, hautartige, die Unterlage verdeckende Schicht, bestehend aus Goldplättchen. Praktischen Zwecken dienende Panzer aus Silber oder aus Gold herzustellen, unterließ man (vom Kostenpunkt ganz abgesehen) natürlich schon deswegen, weil beide Metallsorten in reiner Form nicht die genügende Härte besitzen, also auch nicht hinreichend Schutz gewähren konnten. Bei Prunkrüstungen mag ein derartiger Fall schon vorgekommen sein.[4])

Als eine zweite gangbare Sorte nennt der Autor ποικίλους θώρακας. Es ist naheliegend, an verzierte Lederpanzer zu denken, wo solcher farbiger Schmuck ja tatsächlich vorkommt und auch im Herstellungsmaterial begründet liegt. Er scheint hier aber doch Metall zu meinen. Suchen wir nach Analogien, so findet sich bei Homer[5]) mehrfach das Wort ποικίλος zusammen mit θώραξ oder τεύχεα, aber nie in dem prägnanten Sinne, daß man unbedingt einen Metallpanzer darunter verstehen muß, es kann ebensogut auch ein Lederkoller gemeint sein. Die einzige, mir allerdings sehr unwahrscheinliche Lösung wäre die, anzu-

---

1) Aristoteles, Ἀθηναίων πολιτεία, Kap. IV,2 „ἀπεδέδοτο μὲν ἡ πολιτεία τοῖς ὅπλα παρεχομένοις."
2) Xenophon Memorabilien Bd. III Cap. X § 14 „.... ἔνιοι μέντοι τοὺς ποικίλους καὶ τοὺς ἐπιχρύσους θώρακας μᾶλλον ὠνοῦνται."
3) Blümner: Technologie und Terminologie Bd. 4 S. 308 ff. „ἐπιχρυσοῦν" bedeutet Vergoldung durch Auflegen von dünnen Goldplättchen; „καταχρυσοῦν" Vergoldung mit Goldschaum. Bei den späteren Autoren geht dieser Unterschied verloren.
4) Athenaeus Deipnosophistae E 202 e.
5) Zu „ποικίλος" vergleiche Homer, Ilias Γ 133/134 (Rüstung des Patroklos, vgl. Reichel[2], Homerische Waffen S. 78 Nr. 6), Γ 327 ff. (Rüstung des Alexandros, Reichel[2] S. 82 Nr. 13).

4*

nehmen, daß man durch Ätzen oder eine ähnliche Prozedur den Panzer färbte oder tönte[1]). Anders könnte ich mir die Sache nicht erklären.

Es ist vielleicht am Platze einige die technische Seite und deren Bezeichnung berührende Fragen hier zu behandeln, damit auch in dieser Hinsicht möglichste Vollständigkeit herrscht.

Zusammensetzung sowie Herstellungsart der Bronze sind hinreichend bekannt, so daß sich eine genauere Beschreibung erübrigt.[2]) Für die Bearbeitung der Bronze gibt es zwei Wege: Bronzeguß[3]) und Treibarbeit.[4]) Die zuerst genannte Machart scheidet für unser Thema von vornherein aus, denn bei den Metallpanzern handelt es sich lediglich um Treibarbeit. Es liegt nahe zu fragen, wie denn eigentlich ein solcher Panzer entstand. Man besaß, wie ich vermute, in derartigen Waffenfabriken eine Reihe, einen Satz hölzerner·Normalteilformen, wahrscheinlich in 3—5 Durchschnittsgrößen. Über diese für Brust und Rücken gesondert gefertigten Formen, die gewissermaßen den Kern, die Unterlage, bildeten, legte man dann ein in der Größe entsprechendes Stück dünnes Bronzeblech von gleichmäßiger Stärke. Meist war das Metall wohl vorher erhitzt, um es geschmeidiger zu machen und so die Arbeit zu erleichtern. Es folgte hierauf das Treiben. Man formte das Blech durch Hämmern so lange, bis es genau die Gestaltung des als Unterlage dienenden Holzleistens angenommen hatte, diesem in Wölbung und allen Details genau entsprach. Auf diese Weise stellte man Bruststück und Rückenschale gesondert her. Zum Schluß, d. h. nach Beendigung des Treibprozesses rollte man dann die überstehenden Ränder zu einem wulstartigen Stab ein und setzte Scharniere und die sonstigen dem Verschluß dienenden Vorrichtungen an. Im Inneren wurde die Polsterung[5]) angebracht. War es Linnen oder weiche Filzmasse, also leicht schmiegsames Material, so fügte es sich von selbst in die Form. Bei Filz könnte man auch daran denken, daß es gesondert über einem entsprechenden Holzkern, genau mit dem Schaleninneren übereinstimmend, gearbeitet, d. h. gepreßt wurde, um dann mit den Schalen vereinigt zu werden. Bei Leder sind beide Wege möglich.

Als Analogiebildungen für die Macharbeit seien hier noch die Beinschienen wie die Lederschuhe angeführt. Auch für die Beinschienen wird man eine Reihe Normalformen hergestellt haben, sie also nicht erst jedesmal nach dem lebenden Körper durch Abformen und Ausarbeiten von Extraleisten gewonnen haben. Auch bei den Lederschuhen[6]) gebrauchte man Holzleisten, καλάπους.

---

1) F-R. Taf. 75/76 Textbd. II S. 91 (?). Daß man tatsächlich mehrere Metallsorten mitunter miteinander legierte, beweisen uns Zeugnisse über Bildhauer. So wird von Silanion berichtet, daß er bei seiner Jokaste-Statue, um die Todesblässe des Angesichts wiederzugeben, Silber unter das Metall mischte: Brunn[2], Geschichte der griechischen Künstler S. 278 (397). Ähnliches berichtet Plinius (34,140) (Brunn[2] a.a.O. S. 825 (465): (um die Raserei des Athamas auszudrücken). Aus diesen Beispielen geht hervor, daß man wohl auch an eine derartige Möglichkeit denken könnte.

2) S. Blümner: Technologie und Terminologie B. 4 S. 178 ff, wo der Autor über Kupfer und Bronzelegierungen spricht.

3) Zum Bronzeguß, der seinerseits in ganz verschiedenen Formen vor sich gehen konnte, s. Blümner: Technologie und Terminologie B. 4 § 14 S. 278 ff. — Blümner: Gewerbliche Tätigkeit S. 47 (Erfindung des Bronzegusses).   4) Blümner, a. a. O. B. 4 S. 235 ff.

5) Über Filz und Linnen als Unterlage wird beim Linnenpanzer gehandelt werden.

6) Blümner, a. a. O. B. I S. 276. Zu den technischen Ausdrücken: ἐλαύνειν (treiben),

Aber keine Regel ohne Ausnahme. Nimmt man die schon weiter oben angeführte Xenophonstelle[1]) mit der Auseinandersetzung des Meisters Pistias[2]) über richtige, gut sitzende Metallpanzer wörtlich, so ist das eben eine Ausnahme, allerdings eine, die zweifellos sehr viel Berechtigung besitzt. Nach Xenophon soll man der individuellen Körperbildung Rechnung tragen und soll nicht alle Panzer nach einem Schema oder einer beschränkten Anzahl Formen machen. Wollte man demnach einen wirklich exakt sitzenden Panzer haben, so mußte man für jeden eine neue Form anfertigen, was natürlich die Kosten der Rüstung bedeutend verteuerte. Aus der Xenophonstelle geht, faßt man sie wörtlich, klar und deutlich hervor, daß wie heute, so auch schon damals neben wenigen exakt arbeitenden Meistern die bei weitem überwiegende Anzahl nach einem Schema hergestellte Dutzendware lieferte. Meister Pistias gehört zur ersteren Gruppe.

Nicht an allen Orten wird die Waffenfabrikation auf gleicher Höhe gestanden haben, vielmehr spielte Geschicklichkeit und Höhe des Kaufpreises und im Hinblick auf diesen wieder die Kauffähigkeit des Publikums eine bedeutende Rolle. Die in dieser Hinsicht nicht allzu reichlich fließenden antiken Quellen lassen uns doch wenigstens einige Klarheit darüber gewinnen, wie es damals auf diesem Gebiete aussah. Verschiedene Orte werden besonders wegen der Güte ihrer Metallarbeit erwähnt, so Boeotien, Argos, Sikyon usw. Unter den später aufblühenden Fabrikationszentren sei vor allem Pergamon[3]) angeführt, das in der Großkunst, wie in gewerblichen Gegenständen Bedeutendes geleistet haben muß. Von nichthellenischen Zentren sei noch Etrurien genannt, dessen Metallware weithin berühmt war.[4])

Gerühmt werden analog den Toledaner Klingen oder den Solinger Messern unserer Tage auch im Altertum bestimmte Rüststücke gewisser Orte. So werden die aus Argos stammenden Schilde[5]), oder die böotischen Helme[6]) gepriesen. Attika[7]) war bekannt durch seine gut sitzenden Harnische. Daß gerade in Athen die schwierig herzustellenden Muskelpanzer besonders gut ausgeführt wurden, ist nicht zu verwundern; denn hier, in dem Kunstzentrum ersten Ranges, waren alle dafür notwendigen Grundbedingungen im reichsten Maß vorhanden und, wie es auf so vielen Gebieten fremdes Gut aufnahm (es sei nur an Keramik, Plastik, Baukunst, Tragödie erinnert), verwertete und zur höchsten Blüte emporführte, so auch

---

lat. ducere, σφυρήλατον a. a. O. B. IV S. 289/290; Bezeichnung der Hämmer a. gl. O. B. II S. 194/195.

1) Xenophon, Memorabilien Lib. III Cap. X §§ 9—15.

2) I. Kirchner: Prosopographia attica B. II S. 201 Nr. 11822; Blümner: Gewerbliche Tätigkeit des klassischen Altertums: Boeotien S. 59, Argos S. 77, 78, Sikyon S. 77, Kreta S. 97 (angeblich Heimat der Metallarbeit), Korinth S. 74/75.

3) Blümner: Gewerbliche Tätigkeit S. 38/39, Pergamon. 4) Blümner, a. gl. O. S. 106.

5) Argivische Schilde: Blümner: Gewerbliche Tätigkeit S. 77, 78, Literatur Anm. 1; gemeint sind der Form nach runde Schilde (A. D. II, 44).

6) Böotische Helme: Blümner: Gewerbliche Tätigkeit S. 59; Xenophon, de re equ. 12,3: βοιωτιουργὴς κράνος; Ael. varia historia III$_{24}$; Poll. Onomastikon I, 149; — vgl. weiter oben S. 32 a$_4$. Auch eine besondere Schildform fertigte man dort: F.-R. Taf. 111 (unten links), 131; G. A. V. 117, 118, 205 (rechts unten), 207 (oben links). Gern auf Münzen jenes Landes: Anson: Numismata graeca, Part. II Pl. XVI ff.

7) Blümner: Gewerbliche Tätigkeit S. 68 (attische Brustharnische); Xenophon, Memorabilien III x$_{9—15}$; Aelian, v. h. III$_{21}$; Poll. I$_{149}$; Wachsmuth: Stadt Athen I, 487 (zur χαλκᾶ).

hier. Und es wird gewiß kein Zufall sein, daß uns der weitgereiste Xenophon gerade in ein attisches Atelier führt,[1]) um uns über die Herstellung von Metallpanzern aufzuklären.

Der Autor nennt den Meister Pistias „*ϑωρακοποιός*", Panzermacher. Auch anderweitig wird uns der Ausdruck bezeugt.[2]) Diese Benennung stimmt ganz mit der bei den Alten, Griechen wie Römern, üblichen Praxis überein, die Leute nach den von ihnen gefertigten Gegenständen zu bezeichnen. So haben wir nebeneinander: „*κρανοποιοί*", „*ξιφουργοί*", „*ἀσπιδοποιοί*", „*λογχοποιοί*", „*τοξοποιοί*" u. a. m.[3]) Die allgemeine Bezeichnung für alle die eben angeführten Handwerkerfertigkeiten ist „*ὁπλοποιΐα*"[4]) oder „*ὁπλοποιϊκή*".

Aus der großen Anzahl der spezialisierenden Namen können wir rückwärts den Schluß ziehen, daß wir schon im Altertum mit einer sehr weit gehenden Spezialisierung der Arbeit zu rechnen haben, eine Arbeitsteilung, die im großen und ganzen (wenn auch in kleinerem Maßstabe) der heute bei uns in den großen Fabrikationswerken üblichen entsprach. Man kann also sehen, wie weit damals bereits die Arbeitsteilung fortgeschritten war, um qualitativ wie quantitativ eine höhere Leistungsfähigkeit zu erzielen.

Allzu klein dürfen wir uns solche Ateliers nicht vorstellen. Aus anderen Betriebzweigen, so der Töpferei, wissen wir durch Bilder[5]), sowie durch aus einem Atelier[6]) stammende verschiedene Signaturen, daß eine größere Anzahl Leute dort arbeiteten. Meist waren es wohl Sklaven, seltener freie Bürger oder Fremde. Um noch ein Beispiel für Waffenfabrikation anzuführen, so erinnere ich hier an die Waffenfabrik, die der Vater des bekannten attischen Redners Demosthenes[7]) besaß. Er wird als „*μαχειροποιός*" bezeichnet. In seiner Fabrik arbeiteten 30 Sklaven.

1) Auf der anderen Seite hatten die athenischen Fabrikanten sicherlich auch reichlich Gelegenheit, ihre feine Ware abzusetzen; denn in Athen, der Vorstadt des großen attischen Seebundes, flossen seit dessen Begründung große Reichtümer zusammen, so daß der Wohlstand der Bürger Attikas rasch wuchs. Aber nicht nur dies. Auch die Bündner werden ihren Bedarf in Athen gedeckt haben, vielleicht zum Teil schon allein dadurch gezwungen, daß ihre besten einheimischen Kräfte nach Attika übergesiedelt waren, um dort ihr Geschäft weiterzutreiben, wie uns das ja vielfach bezeugt ist. Athen war eben namentlich im dritten Viertel des 5. Jahrhunderts die Hauptstadt Griechenlands *κατ' ἐξοχήν* in geistiger wie kommerzieller Hinsicht. Im Peireieus ankerten Schiffe aller Herren Länder, um ihre Waren zu verhandeln. Ferner waren neben den Westhellenen auch die Nordländer am Pontos, die ja ihrerseits wieder Athen mit Getreide versorgten (wie später die Kornkammern: Sizilien und Afrika die Mengen Roms), Abnehmer solch kostbaren Gutes, wie das die Gräberfunde namentlich Südrußlands zur Genüge zeigen. Zur Wirtschaftsgeschichte vgl. O. Neurath: Antike Wirtschaftsgeschichte S. 54 ff, S. 60 ff.; Wachsmuth a. a. O. Bd. II, S. 461.

2) *ϑωρακοποιός*: Xenophon III 10,9; Dio Chrys 1,1; Pollux I 49: *ϑωρακοποιΐα*: Pollux VIII 155; Blümner: Technologie und Terminologie B. IV 361.

3) „*κρανοποιοί*" Blümner: Technologie B. 4 S. 361 Anm. 6, Literaturangabe; „*ξιφουργοί*" a. gl. O. S. 362 Anm. 5; „*ἀσπιδοποιοί*" ebendort Anm. 1; „*λογχοποιοί*" S. 362 Anm. 9; „*τοξοποιοί*" S. 362 Anm. 14.

4) *ὁπλοποιΐα* Blümner: Technologie B. 4 S. 361 Anm. 1 u. 2 (daselbst Literatur).

5) F.-R. B. I S. 158 ff. Abschnitt III Abb. S. 159 = Pottier, Douris Fig. 2; B. II S. 307 Abb. 102 = Pottier, Douris Fig. 4.

6) S. Klein², gr. Vasen mit Meistersignaturen S. 15. Epiktet beschäftigt z. B. 5 Töpfer, dazu kamen sicherlich noch einige Leute, die Handlangerdienste zu verrichten hatten.

7) Die Literatur s. Blümner: gewerbliche Tätigkeit S. 68 Anm. 6. — I. von Müller, Handbuch Teil VII⁴ S. 399 Anm. 1.

8. VORSTUFEN ZUR GRIECHISCHEN METALLRÜSTUNG, PARALLELERSCHEINUNGEN

Um Klarheit über die Entwicklung der griechischen Metallrüstung zu gewinnen, wird es zunächst notwendig sein festzustellen, wie weit überhaupt die Alten Metall in der Panzerung des Körpers bezüglich des Rumpfes verwendeten, sodann, ob Vorstufen zu unseren Metallschalenpanzern vorhanden sind und eventuell auch analoge Erscheinungen sich nachweisen lassen.

Eine Form der Metallpanzerung, die wir in einem späteren Abschnitt kennen lernen werden, ist die Verstärkung der Rüstung (Leder oder Linnen) durch Auflegen verschiedener Typen von kleinen Schuppen.[1])

Bei den Darstellungen mit Sardenkriegern auf ägyptischen Monumenten finden sich oberhalb des die Kriegsrüstung zusammenhaltenden Gürtels eine Anzahl wagerecht angeordneter Streifen, die wohl aus Metall sind.[2]) Man brachte zwei bis vier solcher Schienen übereinander zum Schutze des Rumpfes an.

Bei Homer treffen wir neben dem Panzer in unserem Sinne noch die zum Schutz der Magengrube verwendete μίτρη.[3]) Für die Herleitung dieses Gegenstandes ergeben sich mehrere Möglichkeiten. Es ist nicht unmöglich, daß der ζωστήρ[4]), der Gürtel, der weiter oben S. 16 bereits erwähnt ist, als die ältere Stufe anzusprechen ist, aus dem sich dann später die μίτρη durch Verbreiterung der an der Vorderseite gelegenen Partien entwickelt hat. Daß wir es mit einem schon früh ausgebildeten Gegenstand zu tun haben, beweist sein Vorkommen in mykenischer Zeit. Es fanden sich in den Gräbern von Mykenae langgestreckte Goldbleche.[5]) Schuchhardt hat sie seinerzeit als Diademe gedeutet, mir erscheinen sie viel eher als „μίτραι". Gegen diese Ansicht würde nicht sprechen, daß diese Exemplare aus Gold und daher wenig widerstandsfähig sind, denn wir haben es hier wahrscheinlich nur mit für den Totenkultus gefertigten Nachbildungen zu tun. Ihre Ornamentation ist geometrisch. Die Verzierungen sind auf dem Wege der Treibarbeit hergestellt. Es sind: Buckeln, Kreise, Punkte und Linien. Ihre Anbringungsweise kann verschieden gewesen sein. Entweder hielten sich diese Monumente (wie die späteren Beinschienen) durch ihre eigene Spannkraft oder sie waren auf einer Unterlage aus anderem Material befestigt. Aus Italien haben wir erhaltene Gebrauchsexemplare.[6]) Diese liefen um den Körper herum und wurden hinten (seitlich im Rücken) zusammengehakt. Nebenbei sei noch bemerkt, daß diese Teil-Rüststücke in Italien weiterleben. Im 4./3. Jahrht. wachsen sie sich zu

---

1) S. Schuppen.
2) W. Max Müller: Asien und Europa S. 374/375.
3) Vgl. die Zusammenstellung bei Helbig: Erläuterung des homerischen Epos S. 289 ff. — Reichel², Homerische Waffen S. 91, s. den Abschnitt Gürtel; ferner Robert: Studien S. 34/35.
4) Helbig: Erläuterung des homerischen Epos S. 288/289. — Reichel², Homerische Waffen S. 89.
5) Schuchhardt: Schliemanns Ausgrabungen S. 204 Fig. 148, S. 205 Fig. 149.
6) Vgl. Montelius: La civilisation primitive en Italie Pl. 281 Nr. 29, Pl. 282 Nr. 4; Helbig, a. a. O. S. 289/290 Fig. 106—108 Abb. 36.

Unterleibsschützern aus, die unten der Hüftabschlußlinie folgen, und (wie der ausgeprägte Muskelpanzer) Muskulaturangabe aufweisen.[1])

Nicht unerwähnt dürfen einige Monumente bleiben, Bronzebleche in Halbkreisform, die sicher als Rüstungsstücke anzusprechen sind. Mehrere Exemplare fanden sich im Verlaufe der Grabungen in Olympia und Delphi.[2]) Sodann auf

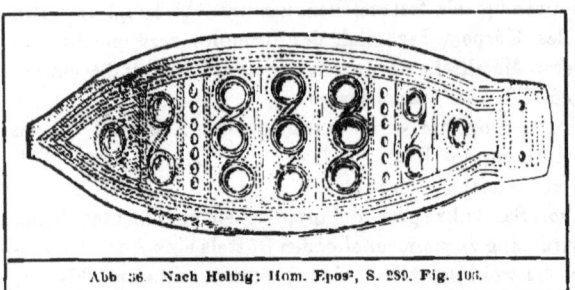

Abb 36. Nach Helbig: Hom. Epos², S. 289. Fig. 106.

Kreta, wo in Praisos[3]) ganz gleichartig geformte Votivwaffenstücke zutage gekommen sind. Das beste, auch figürlich verzierte solche Schutzblech stammt aus Rethymo.[4]) Diese Gegenstände schließen oben wagerecht gerade ab. Der seitliche wie der untere Rand sind gebogen und bilden gemeinsam etwa einen Halbkreis. Den Rand der Bleche schmücken meist getriebene Streifen. Auch figürliche Ornamentierung des Innenfeldes findet sich. An der geraden Seite sitzen in den Ecken Ringe, um das Blech zu befestigen. Die ganze Platte ist leicht gewölbt. Furtwängler spricht in seiner Beschreibung der Bronzen von Olympia mit Recht davon, daß wir es hier mit Schutzplatten für den Unterleib zu tun haben, etwa entsprechend den eben besprochenen Teilpanzern, die sich in Italien gefunden haben. Der gerade Rand mit den Ringen schloß sich an den in seiner früheren Gestaltung unten ebenfalls gerade abschneidenden Muskelpanzer an. Furtwängler vermutet, daß das Blech unter den abstehenden Panzerrand daruntergriff und hier am Gürtel des Chiton angehakt war. Die Rundung des Bleches schließt etwa mit der Hüftlinie ab. Daher die oben beschriebene Gestaltung. In dieser Kombinierung entspricht der vorn nach unten um den Unterleibschutz vergrößerte Glockenpanzer bereits dem im 5. Jahrhundert aufkommenden ausgeprägten Muskelpanzer und

1) Unterleibsschutz. Auf einigen Vasenbildern, so auf der Münchner Medea-Vase (F.-R. Teil II S. 161, 1 u. 2, Abb. S. 161) und der Neapler Prachtamphora mit der Leichenfeier des Patroklos (F.-R. ebendort S. 156 Anm. 1, die Literatur, Taf. 89 (Agamemnon) weitere Beispiele Inghirami: Pitture di vasi fittili, vgl. III T. CCCXC) tragen die Krieger keinen Vollmetallpanzer, sondern nur einen Schutz für den Unterleib. Angegeben sind der gerade und der schiefe Bauchmuskel, der Nabel sowie die Brustkorbrandlinie. Auf der Medea-Vase schließt er unten genau wie der ausgeprägte Muskelpanzer in Hüftlinienform ab, während auf dem Neapler Exemplar die Linie wagerecht läuft. Wir haben es hier also speziell mit einem Bauchpanzer zu tun. Ob er hinten ganz herumgeführt war, darüber geben uns die Vasenbilder nichts. Wahrscheinlich ist es nicht. Vielleicht ragte die Platte beiderseits noch ein Stück nach hinten herum und hielt sich, wie die Beinschienen, durch ihr eigenes Anpressungsvermögen. (Das Anlegen geschah dann wie bei den Beinschienen.)

2) Furtwängler: Olympia IV Text S. 158 Nr. 985 Taf. LX; Fouilles de Delphes Tome V, P. Perdrizet S. 102 103 Nr. 514—514 bis, Fig. 353—354.

3) B.S.A. Vol. VIII 1901 02 S. 256, Pl. X.

4) F. Poulsen: Ath. Mitt. 1906 B. XXXI S. 373 Taf. XXIII (Exemplar aus Rethymo (Kreta) mit eingeritzten Figuren); a. gl. O. sind weitere Exemplare angeführt.

dessen Ausdeh-
nung. Zu be-
tonen ist bei
diesen Schutz-
platten, daß
man hier nicht
die Muskulatur,
wie wir es an
den Schalen ja
haben, nachah-
men will, viel-
mehr handelt es
sich um Ansatz-
stücke, die ihrer
besonderen Be-
stimmung nach
auch nicht glatt

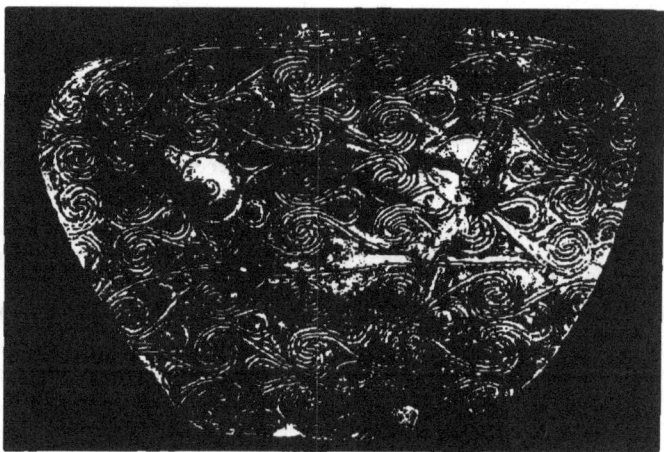

Abb. 37. Präh. Zeitschrift B II, S. 160. (Schuchhardt.)

gelassen werden, sondern ornamentale Verzierung erhalten. Daß aus dieser
Verbindung heraus sich der Typus des 5. und der folgenden Jahrhunderte entwickelt hat, ist naheliegend, ja wahrscheinlich. Die zunächst getrennt gearbeiteten Teile werden später, bei fortgeschritteuer, vollkommenerer Technik aus einem
Stück hergestellt. Die zuletzt besprochene Unterleibspanzerung ihrerseits kann
sich auch als eine aus der einfachen „μίτρη" heraus entwickelte jüngere Nebenform, die sich — den Funden nach zu schließen — vor allen Dingen auf Kreta
vorfindet, entwickelt haben. Auf die Inselwelt gehören nach Poulsen (a. a. O.) die
Exemplare auch ihrer Ornamentation nach. Diese Nebenform ist in der Wirkung
dem späteren ausgeprägten Muskelpanzer bereits fast gleichwertig und wirksamer
als der schmale, vorn nur wenig verbreiterte Metallstreifen, den wir vorhin kennen lernten.

Alle die bisher besprochenen, z. T. sicherlich mit der späteren Panzerausge-
staltung in Zusammenhang stehenden Bildungen, können nicht als Vorstufen, höch-
stens als Verbesserungen des Glockenpanzers angesehen werden.

Anders steht es dagegen mit folgenden Beispielen. Ich meine zunächst die
zwei aus dem fünften mykenischen Grabe stammenden goldenen Brustplatten[1]) oder
Decken. Die eine von ihnen ist mit in Treibarbeit hergestellten Spirallinien über-
zogen. Im oberen Teile weist die Platte inmitten der Ornamente zwei nicht ganz
kreisrunde Buckel auf. Da nun das Blech auf der Brust des Toten männlichen Ge-
schlechtes aufgefunden wurde und der Lage nach auch die Gegend stimmt, so werden wir nicht umhin können, in diesen Ornamenten eine Angabe der Brustwarzen
zu erkennen. Wir haben es hier, wie weiter oben bei den goldenen μίτραι mit

1) Schuchhardt: Schliemanns Ausgrabungen, S. 290, Abdg. 256 (die dazu gehörende bärtige Maske, S. 289, Abdg. 254). Schuchhardt kommt in der Prähistor. Zeitschrift, B. II, S. 160,
nochmals kurz auf diese Brustplatte zu sprechen, s. ebendort, S. 159, Abb. 26. — Die zweite
Goldplatte wird erwähnt Schuchhardt a. a. O., S. 288, Abschnitt 3, ferner S. 292, Abschnitt 3.

Totenbeigaben zu tun, wenn man in Mykenae nicht tatsächlich rein dekorative Waffen benutzte. Für die Wirklichkeit, d. h. für den praktischen Gebrauch, müssen wir sie uns in ein anderes Material übertragen denken. Hierfür kommt für jene frühe Epoche allein Bronze in Betracht. Sollte es sich nun hier wirklich, wie man bisher vermutet hat, nur um einen Schmuck handeln? Ich bezweifle das, sehe vielmehr hierin eine ältere, primitivere Form der Bronzebrustschale, einen metallenen Brustschutz. In der Länge stimmt der besprochene Gegenstand mit der der späteren Brustschale überein. Und ein zweites, später mit dem Fortschreiten der Kunst und des anatomischen Verständnisses immer weiter ausgeprägtes Charakteristikum haben wir in seinen Anfängen auf dem Goldblech vor uns: die Andeutung der Körperformen. Wir erkannten bereits die Brustwarzen. Des weiteren zerfällt die sonst ganz mit Ornamenten (Spiraldekoration, wie wir sie auch sonst in Mykenae gern an den verschiedenartigsten Gegenständen antreffen) geschmückte Platte dadurch, daß in der Mitte die Ornamente aussetzen und eine wagerechte Trennungslinie angebracht ist, in zwei Teile. Es kann, da wir noch dazu oben die Brustwarzen haben, die Trennungslinie nur den Zweck haben, den Brustkorbrand zu bezeichnen, somit Brust- und Bauchpartie zu trennen. Jeder Teil hat seinen eigenen, in sich geschlossenen Verzierungskomplex. Vielleicht ist die Entstehung des Ganzen auch so zu denken, daß man in noch früherer Zeit zwei getrennte Platten auf das Kriegsgewand auflegte, die hier schon als in einem fortgeschritteneren Stadium der Entwicklung miteinander zu einer größeren Einheit verwachsen sind. Eine ganz analoge Erscheinung treffen wir später, wo Unterleibsschutz (mitre) und Brustbauchschale vereinigt werden. Wir haben also hier auf dem Blech, wenn auch in roher Form, eine Andeutung der durch das Metall verdeckten Körperpartien vor uns. Es ist die älteste mir bekannte Angabe dieser Art, die bei keinem anderen Volke anzutreffen, vielmehr als mykenisch-griechischem Geist entsprungen anzusehen ist. Eine entwickeltere Form stellt der „Glockenpanzer", die bis zur höchsten Vollendung durchgeführte Arbeit der „ausgeprägte Muskelpanzer" dar.

Wie die Goldplatte befestigt wurde, und ob ihr etwa eine zweite, den Rücken schützende, entsprach, darüber gibt uns dies Exemplar, wie das gleich zu besprechende zweite — das ich allerdings nur aus einer kurzen Beschreibung, nicht in Abbildung kenne — leider keinen Aufschluß. Jede Befestigungsvorrichtungsangabe fehlt. Wie sie getragen wurden, darüber werden uns gleich die Darstellungen Aufklärung geben.

Und nun zur zweiten Frage! Gab es damals wohl schon eine der Brustdecke in Form und Umfang entsprechende Rückenschale? Fest steht zunächst, daß es sich um Kriegerbestattungen handelt, denn dafür spricht ganz entschieden das sonstige reiche Grabinventar. Gerade die Beigaben bestärken mich in meiner Annahme, daß es sich um Rüststücke, die natürlich in zweiter Linie auch dem Schmuck gedient haben werden, handelt. Neben anderen Waffenteilen, so dem Rest eines großen hölzernen Achterschildes, waren den Verstorbenen auch Schwerter beigegeben; so gehört zu der unverzierten Brustplatte auch ein Schwertband ohne Verzierung. Wir haben es demnach hier mit einheitlichen Ausrüstungen zu tun, die nach gewissen künstlerischen Gesichtspunkten gleichmäßig verziert sind. Wie Schwert, Schild und Gamaschen zur Ausrüstung gehören, so natürlich auch der Brustschutz. Man kann unmöglich, will man konsequent verfahren, eins vom anderen trennen. Da nun aber in den Gräbern sich eben nur solche für die Brust, dagegen keine Spur einer zweiten für die Rückenpartien vorgefunden hat, so darf man wohl unbedenklich ‚ex silentio‘, also indirekt, den Schluß ziehen, daß es sich in jener Epoche, also zur Zeit der Schachtgräber, nur um Brustplatten handelte. Und das läßt sich aus der ganzen, schrittweise vorangehenden Entwicklung der Metallrüstung erklären. Die Panzerung des Rumpfes mit Metall, wie wir sie von den späteren Griechen vor Augen haben, ist nicht mit einem Schlage geschaffen worden, sondern hat sich Schritt für Schritt entwickelt, ausgedehnt und verbessert und ist erst ein Produkt jahrhundertelanger, ausprobierender Arbeit. Zunächst erhält lediglich die exponierte Brustseite einen solchen Schutz, anfangs wohl nur in Gestalt mehrerer kleiner Plättchen, dann auf einer fortgeschritteneren Stufe einen zusammenhängenderen, größeren. Die Panzerung wächst also, eine Tendenz, die wir ja später in historischer Zeit auch am griechischen Panzer noch verfolgen können. Zu dieser Entwicklungstheorie werden wir in einem der nächsten Abschnitte Parallelerscheinungen von italischem Boden kennen lernen. Den Rücken ebenfalls zu panzern, das durchzuführen, war erst einer späteren Zeit vorbehalten. Entscheidend ist, daß wir bereits hier in Mykenae den ersten Schritt eines Metallschutzes nachweisen können. Hier liegen somit zweifellos die Wurzeln der späteren Metallpanzerung.

In dem gleichen fünften Schachtgrabe fand sich noch eine zweite solche Brustplatte. Auf ihr sind nur die Brustwarzen, aber kein sonstiger Schmuck angegeben.

Im Anschluß an die Goldbrustplatten ist es notwendig, zu den bildlichen Monumenten mit Kriegern Stellung zu nehmen. Es kommen vor allen Dingen zwei Denkmäler in Betracht: die Grabstele mit Kriegerzug und die Kriegervase.[1]) Beide stammen aus Mykenae, also vom gleichen Ort wie die Platten. Es sei im voraus darauf hingewiesen, daß diese beiden Monumente um mehrere Jahrhunderte jünger anzusetzen sind als die Schachtgräberfunde, daß sie an das Ende der mykenischen Epochen gehören, und daß wir uns nicht wundern dürfen, wenn wir auf diesen Darstellungen etwa Abweichungen von den oben gewonnenen Erfahrungen vorfinden. Die Kriegerstele fand sich über den Schachtgräbern. Die Krieger schreiten von links nach rechts. Uns interessiert lediglich die Bekleidung, beziehungsweise die Rüstung. Auf dem Körper tragen sie entweder ein bis auf die Oberschenkel gehendes, unten in Fransen auslaufendes Gewand oder besser wohl nur einen Hüftschurz. Darüber sitzt, etwa bis zum Nabel reichend, ein weiteres, wohl sicher von ersterem gesondertes Gewandstück. Seitlich sind rote Streifen angegeben, in der Mitte dagegen haben wir dunkle Färbung. (Zur Erläuterung der Darstellung sei noch eingefügt, daß hier wie später auf den schwfg. Vasen das

1) Kriegerstele: Eph. 1896, Taf. I. Kriegervase: Furtwängler-Loeschcke: Mykenische Vasen, Text S. 68 ff., Taf. XLII/XLIII.

Abb. 38. Nach Epharch, 1896.
Taf. I.

Prinzip, möglichst die größte Flächenausdehnung zu geben, herrscht. Obwohl also die Krieger als von der Seite gesehen gedacht sind, stellt man die Gewandung doch so dar, als ob sie genau von vorn gesehen würden.) Von dem roten Untergrund hebt sich deutlich eine dunkle Masse ab. Und das ist wohl nichts anderes als eine Metallauflage in der Form unserer Brustplatten. Daß hier am Oberteil Schalen gemeint sein könnten, das hat im Text der Publikation Tsuntas bereits ausgesprochen. Wir bekommen hier eine Vorstellung davon, wie diese Schutzplatten getragen wurden. Aus was die Unterlage besteht, darüber können wir nur Vermutungen aussprechen. Sie macht der Zeichnung nach, da sie steif vom Körper absteht, den Eindruck, als ob sie ziemlich starr und dick wäre. Vielleicht war es Linnen. Aus den Schachtgräbern haben wir nun aber mehrfach Reste von Linnen. Ein solches publizierte Studniczka[1]) und sprach es als Teil eines Linnenpanzers an. Das Stück ist 8 cm lang und besteht aus 14 übereinander gelegten Gewebeschichten, die fast 1 cm stark sind. Ich halte es für keineswegs ausgeschlossen, daß man sich die Unterlage in einer derartigen Form zu denken hat. Ohne Unterlage ging es schlechterdings nicht. Denn da die Metallplatte noch nicht so umfangreich ist, wie es später der Fall ist, muß man sie irgendwie auf einer Unterschicht befestigt haben. Wir hätten demnach hier eine Metallplatte auf Linnenunterlage.

Wie die Platte auf der Unterlage befestigt ist, darüber erfahren wir aus dieser Darstellung nichts. Vielleicht gab hier einst die Malerei mehr.

Auch in diesem Falle ist allem Anschein nach nur eine einzige Schutzplatte, und zwar auf der Brustseite vorhanden.

Abb. 39. Nach v. Lichtenberg: Ägäische Kultur. Abb. 26.

Und nun zur vielumstrittenen Kriegervase! Hier marschieren die Leute ebenfalls nach rechts hin. Über dem unten mit Fransen geschmückten Untergewand tragen sie einen bis zur Taille reichenden Panzer. Man muß von einem Untergewand, nicht von einem Schurz sprechen, da oben Ärmel angegeben sind, die wohl zu diesem unteren Bekleidungsstück hinzuzurechnen sind. Furtwängler-Loeschcke führen zur Tracht der Krieger aus: „Die Art der Bekleidung des Oberkörpers führt zu der Annahme, daß mit dem oberen Teile ein Panzer gemeint ist." Die Autoren waren demnach auf dem richtigen Wege, fahren dann aber fort: „Die gegitterten Ränder, welche den oberen und unteren Teil gleichmäßig umgeben, sprechen indes gegen die Annahme, falls die Gitterung nicht stilistisch zu erklären ist, nach Analogie der weißen Punkt- und Strichreihen, die auf den zu Taf. XXXIX 405, 407 zitierten Vasen

---

1) Studniczka: Ath. Mittlg., B. XII (1887), S. 21 ff., S. 22, Fig. 4.

den Kontur begleiten." Die Gitterung läßt sich verschieden erklären. Zunächst kann man sie lediglich als ornamental gemeint auffassen. Wir treffen ähnliche Saumziermuster auch am Gewand der Kriegerstele oder an den Schildrändern. Man kann aber auch an eine andere Lösung denken. Wir haben in der Mitte wieder eine dunkler gefärbte Stelle. Indem ich abermals die uns erhaltenen Goldbrustplatten mit den Kriegerdarstellungen kombiniere, komme ich auch diesmal zu folgendem Schluß: Wir haben einen Panzer vor uns, und zwar bereits einen aus zwei Metallplatten bestehenden, auf einer Unterlage über dem erwähnten Untergewand angebrachten, dessen Teile untereinander seitlich durch Verschnürung — das soll hier wohl das Gitterwerk darstellen! — verbunden sind.

Einige Male ist auf der Brust ein heller Streifen mit jederseits begleitenden hellen Punkten vorhanden. Erinnern wir uns nun an die eben am verzierten Goldblech beobachtete Erscheinung, so werden wir wohl auch hier eine (wenn auch sehr rohe und äußerliche) Teilungsangabe in Brust und Bauch anzunehmen haben. Doch kommen wir noch einmal auf die Verschnürung zurück. Womit ist die von Brust- und Bauchplatte ausgehende Verschnürung auf der Rückenseite verbunden? Daß diese Verschnürung um die ganze Rückenpartie herumgelaufen ist, ist möglich, glaube ich aber nicht; denn dazu hätte man nicht so zahlreiche Verschnürungsriemen angebracht und gebraucht, da hätten, wie wir es beim italischen Pectorale sehen (s. unten), einige wenige stärkere Gurte genügt. Es bleibt demnach nur eine Möglichkeit über: wir müssen in ganz gleicher Weise, wie wir auf der Brustseite eine Metallplatte haben, auch eine solche für die Rückenseite annehmen. Tut man das, so lösen sich die im Wege liegenden Schwierigkeiten am besten. Die beiden Platten haben eben noch nicht die Ausdehnung, daß sie seitlich und an den Schultern aneinander stoßen, wie es bei den späteren Bildungen der Fall ist, sie klaffen vielmehr noch auseinander, und, um sie eben miteinander in einen engeren Konnex zu bringen, greift man zu dem Mittel, sie durch eine durchlaufende Verschnürung zu vereinigen. Wie eine derartige Verknüpfung wirklich aussah, das können wir uns am besten an einem Panzer dieser Art, der an der einen Metope des Tempels E von Selinunt dargestellt ist, vergegenwärtigen.[1]) (Dies Beispiel steht in seiner Art, wie in der Gestaltung des Brustbauchstückes ganz vereinzelt da.) Vielleicht muß man, will man konsequent sein, auch die gesprenkelte Fläche auf dem Untergewand als eine Art Panzerung, als einen Unterleibsschutz ansprechen.

Sind meine Voraussetzungen richtig, so hätten wir hier den in mykenischer Zeit üblichen Metallpanzer vor uns.[2]) Er hat mit dem späteren gemein, daß

---

1) Benndorf: Metopen von Selinunt, Taf. VII, weitere Literatur bei Katterfeld: Griech. Metopenbilder, S. 46. Selinus E 1.

2) Man vergleiche die gegensätzlichen von W. Reichel[2], Homerische Waffen, S. 63 ff., gemachten Ausführungen, worin das Vorhandensein eines (griechisch)-mykenischen Plattenpanzers geleugnet wird. Reichel sagt folgendermaßen: „Verfolgen wir die Existenz des Plattenpanzers auf griechischem Boden, soweit wir nach rückwärts zu sehen vermögen, so finden wir ihn unlösbar verbunden mit der ionischen Hoplitie, also mit der Vollrüstung, die aus ehernem Helm, ehernem Rundschilde und ehernen Beinschienen besteht. Nicht bloß die Bildwerke der mykenischen Glanzzeit zeigen keine Spur von ihm, er fehlt auch noch auf den spätmykenischen Darstellungen, in denen der Bügelschild bereits auftritt." (Fortsetzung s. S. 62.)

er 1. zunächst aus einer, später vielleicht schon aus zwei Platten besteht, die
allerdings seitlich noch nicht aneinanderstoßen, vielmehr miteinander durch Verschnürung verbunden sind;

2. in der Länge bereits dem um 700 v. Chr. nachweisbaren Glockenpanzer
   gleichkommt;

3. unten bereits nach außen absteht, eine der späteren Randform bis zu einem
   gewissen Grade analoge Bildung besitzt;

4. daß er bereits Körperformandeutung gibt, wie uns das Goldblech beweist
   und, was vielleicht auch an der Kriegervase mit der wagerechten weißen Linie
   mit begleitenden weißen Punkten gemeint ist,

5. ist die Beschaffenheit des Materiales bei Brustblech und Metallpanzer in beiden
   Fällen Metall in dünner Blechform.

6. Wir haben auch hier nicht das Metall allein, sondern lediglich als Auflage auf
   einer umlaufenden Unterlage aus anderem Material, also eine kombinierte Pan-
   zerungsart, genau so wie beim Glocken- und Muskelpanzer.

Andere kretisch-mykenische Kriegerdarstellungen[1]), wie der Krieger mit Gewand in Glockenform auf dem Specksteingefäß aus Hagia Triada, Siegelsteinabdrücke, das Relief eines silbernen Bechers, sowie Bilder auf einem weiteren
Specksteingefäß, haben mit der in Rede stehenden Metallpanzerung nichts zu tun
und scheiden daher aus.

Das Ergebnis unserer bisherigen Betrachtungen war, daß der Glockenpanzer
älterer Form noch verhältnismäßig kurz ist, wenn man sich auch durch die Zeichnungsweise der archaischen Zeit nicht irreführen lassen darf. Sie ist relativ, nicht ab-
solut zu verstehen. In ihrem Streben nach möglichster Deutlichkeit der Hauptformen in der Silhouette verzichtet sie nicht auf den charakteristischen Umriß der
Glutäen und schiebt demzuliebe den unteren Panzerrand etwas zu hoch hinauf.
Andrerseits liegt es ja in der ganzen Entwicklungsgeschichte der Metallpanzerung
begründet, daß der Panzer, der sich allgemach über den ganzen Rumpf ausdehnt,
zunächst nur einen geringen Teil des Unterleibes schützt. Dadurch war man

---

Unrichtig an diesen Bemerkungen ist dreierlei: Zunächst das Ableugnen eines mykenischen Panzers aus Metall, sodann der Umstand, das Auftreten des Metallpanzers mit der
ionischen Panhoplie in Zusammenhang zu bringen; denn die ionische Panhoplie ist zweifellos
ziemlich jungen Ursprungs. Die Vorbilder des ionischen Lederpanzers liegen, wie ich in einem
späteren Abschnitt des näheren zu zeigen gedenke, im Osten. Den Metallpanzer mit diesem
Typ in Zusammenhang zu bringen, ist direkt falsch. Drittens haben wir auch schon auf der
jungmykenischen Kriegervase wie auf der erwähnten bemalten Grabstele eine Panhoplie vor
uns, die aus Helm, Panzer, hohen Gamaschen, den Vorläufern der späteren Beinschienen,
Schild und Lanze besteht. Somit sind die von Reichel vorgebrachten Angaben hinfällig. —
Auch von Lichtenberg lehnt in seiner Abhandlung: Die Ägäische Kultur, das Vorhandensein
einer Panzerung in mykenischer Zeit ab (S. 75/76), indem er ausführt, daß bei der Größe der
Schilde ein weiterer Schutz des Rumpfes nicht mehr nötig sei. Er meint dann, die Gewandung bestände nur aus einem Schurz. Auch diese Annahme ist als irrig anzusehen; denn die
Krieger auf der Stele wie auf der Vase tragen doch ganz deutlich noch ein Obergewand, eben,
wie im Text ausgeführt ist, die Rüstung.

1) Krieger (Glocke) (Mon. ant. XIII 1 oben, 11 unten. Siegelsteinabdrücke: Annual of the
Br. School, B. XII, S. 241, Fig. 2. Becherfragment: Reichel[2], Homerische Waffen, S. 13, Fig. 17.
Specksteingefäß: Lamer, Griech. Kultur, Abdg. 3 (links).

gegenüber dem längeren Linnen- wie Lederpanzer mit ihrem besonderen Unter-
leibs-Oberschenkelschutz, den beweglichen Pteryges, bedeutend im Nachteil. Die besonders gefertigten Unterleibsplatten lernten wir bereits kennen (S. 53).

Es ist nun die Frage zu beantworten, ob tatsächlich gar keine Andeutungen
auf den Monumenten dafür vorhanden sind, daß der Schutz für Unterleib und Oberschenkel doch irgendwie geschaffen wurde. Dies geschah, wie ein Studium der
Denkmäler lehrt, in verschiedenartiger Weise. Wie wir an anderen Stellen sahen,
trägt man fast durchweg unter dem Panzer ein
Gewandstück. Mitunter erscheint dies nun auf
schwarzfigurigen Vasen in bunt aufgesetzten Far-
ben, so daß die Annahme nicht von der Hand zu
weisen ist, man habe durch ein besonders starkes
Gewebe diesem Ziele (Schutz zu haben) zuge-
strebt.[1] In anderen Fällen finden wir die ganze
Gewandpartie unterhalb der Panzerrandes mit kleinen Fischschuppenplatten besetzt, eine Vorkehrung,
die in geschickter Weise den Metallschutz, wenn
auch in anderer Form über die Weichteile ausdehnt,[2] vorausgesetzt, daß wir nicht nur dekorative
Musterung hierin zu erblicken haben. Endlich haben wir ziemlich häufig gerade in jener Epoche

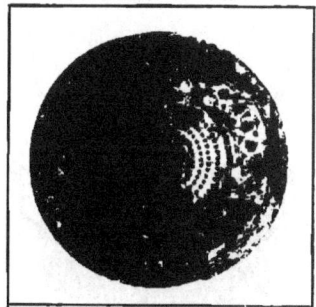

Abb. 40. Nach Arch. Jahrbuch 1909.
S. 148, Fig. 19.
(Weege: Oskische Grabmalerei.)

zur Sicherung der Oberschenkel sogenannte Oberschenkelschienen.[3] Ganz selten
kommt auch am unteren Panzerrande schon eine Art Pteryges vor,[4] doch ist es
in allen diesen Fällen zweifelhaft, ob Metallpanzer gemeint sind und nicht etwa
eine Vermischung mit anderen Rüsttypen vorliegt, so daß es m. E. am besten ist,
diese unsicheren Beispiele von vornherein auszuschließen.

Interessant und lehrreich ist die parallel gehende Entwicklung des italischen
Brustpanzers[5]. Hier beginnt man damit, zunächst nur runde, scheibenförmige
Platten[6] auf dem Kriegsgewand anzubringen. Allmählich wachsen mehrere, zwei
oder meist drei Stück, zusammen und bilden den sogenannten 'Kardiophylax', wie
wir ihn zahlreich auf italischen Vasen antreffen, daneben aber auch aus erhal-

1) G.A.V. Taf.107 (oben), 108, 121 (oben), 266.
2) F.-R. Taf.42 = G.A.V. Taf.49, G.A.V. Taf.107 (unten); 266, Taf.1 (?); Mus.Greg.Vol.II,
Taf.XLIII 1a; G.Akrop.Vas. Taf.43, Nr.648f. Über die Metallunterleibsschützer s. den Abschnitt:
Vorstufen.
3) G.A.V. Taf.122, 211/212, 219, 227; B.Graef. a.a.O. Taf.35 Nr.607q; F.-R. Taf.131.
4) Graef a.a.O. Taf.78 Nr.1300 links (Der Panzer mit Muskulaturangabe. Oberhalb der
omegaartigen Bauchmuskellinie ein Gürtel (?)). Die anderen dort gegebenen Muskelpanzer haben
einen derartigen Ansatz nicht. G.A.V. Taf.208 (oben links). Wahrscheinlich handelt es sich
hier um Ungenauigkeiten des betreffenden Vasenmalers. Ganz unmöglich ist es aber auch
nicht, daß man hin und wieder bereits am Panzerrand einen solchen Fortsatz in Pterygesform
anbrachte nach dem Vorbild der Linnenpanzer und der Lederkoller. Am Gesamtresultat ändert
das nichts. Wir haben am Metallpanzer älterer Form fast immer keine derartige Verlängerung.
Ausnahmen bestätigen auch hier die Regel.
5) Über die Entwicklung des italischen Metallpanzers s. Arch. Jahrb. 1909. Bd. XXIV
(F. Weege), S.146ff.
6) a.a.O. S.148 Fig.19 = Abb. 40.

tenen Exemplaren genau kennen.[1]) Die durch diese Metallplatte geschützte Fläche
wird immer umfangreicher. Für den Unterleib hat man ein besonderes Metall-
schutzstück, die weiter oben besprochene Mitre[2]), die sich später zu einem Unter-
leibspanzer[3]) mit Muskulaturangabe unter dem Einfluß des griechischen Muskelpanzers entwickelt. Wir finden dann später an Stelle dieser Teilpanzerungen den
griechischen Vollpanzer. Mit seinem Eindringen werden die Teilschutzwehren

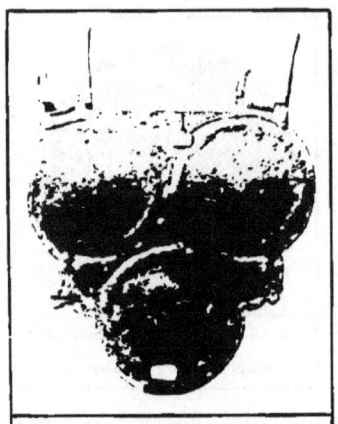

völlig in den Hintergrund gedrängt und verschwinden dann ganz. Wir haben somit in Italien, wie ich es auch für die griechischen Verhältnisse mit Bestimmtheit annehme, zunächst
nur Metallteilpanzerungen, aus denen sich
im Laufe der Jahrhunderte Schritt für Schritt
durch Vergrößern der beschützten Fläche und
durch Verbessern der Typen der spätere Vollpanzer, der Metallglockenpanzer, durch Zusam-
menwachsen des Unterleibsschutzes mit den Schalen der sogenannte ausgeprägte Muskelpanzer
entwickelt.

Neben der besprochenen Gestaltung des Unterleibsschutzes in Körperform gibt es in Süditalien
noch eine zweite Teilpanzerung, die die Körperbildung nachahmt. Wir treffen diesen Typ z. B.
auf einem Wandgemälde aus Paestum an. Hier

Abb. 41.   Nach Arch. Jahrb. 1909, S. 150,
Fig. 22.   (F. Weege: Osk. Grabmalerei.)

tragen die Krieger über einem gegürteten, chitonartigen Kleidungsstück auf der
Brust und den oberen Teilen des Bauchmuskels ein viereckiges Panzerstück
zum Schutze dieser Partien. Das Ganze ist weiter nichts als eine Weiterbildung
oder andere Form des sonst üblichen, aus drei miteinander verbundenen Scheiben
bestehenden Pectorale[4]). Nur hat man ihm hier wohl sicher unter griechischem
Einfluß eine andere Ausgestaltung gegeben. Man kann deutlich den Brustmuskel-
absatz, sowie den geraden Bauchmuskel nebst linea alba und den Sägemuskel an
den Darstellungen erkennen. Wie sie befestigt waren, geht aus den Abbildungen
nicht klar hervor. Bei dem einen Krieger läuft ein Band über die Schulter. In
dieser Weise wurden auch die älteren Exemplare befestigt.[1]) Es gehen Bänder
über die Schultern, die auf dem Rücken mit vom unteren Ende jederseits seitlich
nach hinten abzweigenden sich vereinigen und so dem Pectorale einen festen
Halt geben.

1) Über den Kardiophylax, lat. Pectorale Arch. Jahrb. 1909, XXIII, S. 146 ff. (F. Weege, Os-
kische Grabmalerei) Vasenkatalog des Br. Mus. Bd. IV Pl. IX F. 242, zum Ausdruck: Polyb. VI 23, 14;
Erhaltene Exemplare: Weege a. a. O. S. 150; Schumacher: Bronzen von Karlsruhe Nr. 713, Taf.
XIII 14; Walters: Catalogue of the Bronzes in the Br. Mus. Nr. 2845; Röm. Mittlg. 1897, S. 112.
    2) Über die Mitre s. diesen Abschnitt: S. 55.
    3) S. oben S. 55.
    4) Mon. dell' Inst. 1865 Vol. VIII Taf. XXI.

9. HISTORISCHER ÜBERBLICK

Das Ergebnis aller vorangegangenen Abschnitte ist, daß sich für den Metallpanzer eine fast lückenlose Entwicklungsreihe aufstellen läßt, die wir im Zusammenhang, und zwar in historischer Folge betrachten wollen.

Wir fanden an der Hand der uns erhaltenen Monumente, daß die Wurzeln
dieser Bewaffnungsart nicht etwa im Anfang der für uns faßbaren historischen
griechischen Epoche liegen, sondern in das mykenische Zeitalter zurückreichen.
Das beweisen die beiden aus dem 5. mykenischen Schachtgrabe stammenden Goldplatten auf der einen Seite und andrerseits die ebenfalls aus Mykenae stammenden Darstellungen von Kriegern, die Kriegerstele sowie die Kriegervase, wobei,
wie schon oben ausgeführt ist, man betonen muß, daß die Goldplatten noch um
1700 anzusetzen sind, während die Kriegervase wie die Stele ganz am Ende der
mykenischen Periode, also etwa um 1400, entstanden sein mögen, zwischen beiden
demnach ein Zeitraum von mehreren Jahrhunderten liegt. Indem wir Goldplatten
und bildliche Tradition miteinander kombinierten, kamen wir zu folgenden Schlüssen.
Wir können schon hier alle den späteren Glockenpanzer charakterisierenden, seine
Eigenheiten ausmachenden Eigenschaften, wenn sie auch noch teilweise sehr
schwach ausgeprägt sind, in ihren Anfängen nachweisen. Wir haben in beiden
Fällen Metall in der Gestalt dünnen treibbaren Bleches. In den Schachtgräbern
ist nur eine solche Platte, die zum Schutz der Brustseite bestimmt ist, nachweisbar, später, wie wir sahen, vielleicht schon zwei für Brust und Rücken. Daß
es sich um eine Brustschutzplatte handelt, ergibt sich klipp und klar aus der
Angabe der Brustwarzen wie des Brustkorbrandes. Diese Andeutung der durch
das Metall verdeckten Körperformen ist aber ein Hauptmerkmal der griechischen
Metallrüstung. Dazu kommen noch folgende drei ihr eigentümlichen Momente:
annähernd gleiche Länge, abstehender unterer Rand und endlich nie das Metall allein, vielmehr immer aufgelegt oder verbunden mit einer zweiten Materie
(in mykenischer Zeit vielleicht, wie oben angeführt ist, Linnen), also eine kombinierte Art der Rüstung. Daß in mykenischer Zeit die Unterlage tatsächlich
zum Vorschein kommt, während wir sie später nur aus der unverhältnismäßig
dünnen Beschaffenheit des demnach nur wenig Widerstand leistenden Metall-
bleches und aus den am Rande entlang laufenden Punktreihen, die sich als Nietköpfe erwiesen, erschließen können, das liegt in der ganzen Entwicklung der
Metallrüstung begründet und ist ohne sie nicht zu verstehen. Nicht das Metall
ist ursprünglich der Kern, die Hauptsache des Typus, vielmehr die spätere Unterlage. Und damit schneiden wir die Frage an, wie entstand die Rüstung? Zunächst hat man sicherlich nur ein stärkeres Gewand getragen, um sich vor feindlichen Angriffen besser zu schützen. (Ich sehe bei diesen Ausführungen vorerst
einmal ganz von den übrigen Teilen der Ausrüstung: Größe und Form des Schil-
des, der Beinschienen, des Helmes und der anderen Waffenstücke absichtlich ab.)
Wie ein derartig verstärktes Kriegsgewand beschaffen war, darüber gibt uns ebenfalls der Inhalt der Schachtgräber Aufschluß. Wir haben dort Reste von Linnen-

rüstungen, die einfach durch Übereinanderlegen mehrerer Schichten — es lassen
sich bis zu zwölf nachweisen — gebildet sind. Für den gewöhnlichen Bedarf
brauchte man sie nicht derartig zu verstärken. Das erklärt sich nur, wenn man
damit einen verstärkten Schutz bezweckt. Daß wir damals schon Linnen, das
nicht einheimisch ist, sondern aus Ägypten importiert sein wird, in Griechenland
antreffen, hat bei den nahen Beziehungen der kretisch-mykenischen Kultur zu dem
Nillande nichts Verwunderliches, sondern bestätigt nur die bisher gemachten Erfahrungen über den Handel in jener Epoche. Als Unterlage kann natürlich auch
jeder andere Stoff, z. B. Filz, gedient haben. Ich griff das Leinenzeug heraus, da
es uns eben durch Grabfunde beglaubigt ist. Auf dieses verstärkte Gewand hat
man dann — vielleicht zuerst mehr zur Zierde als zur Verstärkung — Metallplatten
aufgelegt. Und so dürften auch die zahlreichen ebenfalls in den Schachtgräbern
vorgefundenen Metallscheiben aus Gold zu erklären sein. Als man den praktischen
Wert dieser Auflagestücke erkannt hatte (oder vielleicht auch bloß, weil man Ge-
fallen an dieser Art der Ausschmückung fand) vergrößerte man sie und gab auf
ihnen, was entscheidend für die Geschichte des griechischen Metallpanzers ist,
die Andeutung der durch das Metall verdeckten Körperformen. Von hier an
scheiden sich die Wege. Mag der Brauch, Metallplatten sei es zum Schmuck
oder zum Schutz auf die Gewandung aufzulegen, auch anderswo geübt sein
(zum Schutz z. B. in Italien), die Angabe von Körperdetails findet sich sonst
nirgends. Wir haben demnach die Anfänge unseres Panzertypus nicht, wie es
bei den anderen Panzersorten (Linnenpanzer, Lederkoller, Schuppenrüstung)
nachweisbar der Fall ist, außerhalb Griechenlands, etwa in Ägypten oder dem
asiatischen Orient, sondern wir haben die Keime im Herzen Griechenlands, im
Peloponnes selbst zu suchen. Demnach handelt es sich nicht um eine Weiterbildung einer auswärtigen Vorlage, sondern um eine einheimisch-griechische Erfindung.

Doch kehren wir zum Ausgangspunkt unserer Betrachtungen zurück. Man
behält die Unterlage bei. Die Metallschicht, die gewissermaßen nur wie eine dünne
Haut auf dem Gewand liegt, dehnt sich aus, und zwar zunächst auf der Vorderseite.
So erklärt es sich, daß wir im Schachtgrabe nur eine Brustbauchplatte, aber noch
keine Rückenplatten antreffen; denn naturgemäß denkt man zunächst an den Schutz
der Brustseite und geht erst später und in zweiter Linie auch daran, dem Rücken
den gleichen Schirm angedeihen zu lassen. In der einen mykenischen Brustplatte
glaube ich bereits eine fortgeschrittenere Stufe zu erblicken: sie ist aus zwei ge-
trennten für Brust und Bauch bestimmten Einzelplatten zu einem Ganzen zu-
sammengewachsen. Um die Entwicklung besser verständlich zu machen, habe ich
oben auf die ganz analoge Entstehung der Metallpanzerung auf italischem Boden, wo
wir den Vorgang deutlicher vor uns haben, hingewiesen. Allmählich tritt das Gewand in dem Maße, wie die Metallauflage zunimmt, mehr und mehr in den Hintergrund und wird aus der Hauptsache zur Nebenform, zu einem Teil zweiten Ranges,
zur Unterlage. So ist zweifellos der historische Gang der Entwicklung zu denken
und nicht anders. Wir kommen also zu dem Schluß, daß wir bereits einen mykenischen Panzer anzunehmen haben, der keineswegs erst ganz jungen Ursprungs

ist, wie Reichel annimmt, sondern im Gegensatz zu seiner These gerade uralt
und einheimisch griechisch ist.[1])

Mit dem Abschluß der mykenischen Epoche und ihrer Darstellungen reißt
für uns der Faden auf Jahrhunderte hinaus ganz ab. Während wir unter der mykenischen Kultur eine einheitliche, weithin ausgedehnte Entwicklungsstufe verstehen, tritt jetzt als eine Folge der dorischen Einwanderung jene geometrische
Epoche ein, die in so viele lokale Einzelabteilungen zerfällt. Sicher ist, daß wir
weder in Attika noch in Böotien, woher wir Kriegerdarstellungen besitzen, eine
Spur einer Metallpanzerung, überhaupt einer Rüstung antreffen. Und aus dem
Peloponnes fehlen uns analoge Monumente, so daß wir nichts Bestimmtes sagen,
vielmehr nur vermuten können. Da, wie ich vorausgreifend bemerke, später im
Peloponnes der Metallpanzer an den verschiedenen Orten auftaucht, und zwar in
einer der mykenischen durchaus verwandten, nur weiter ausgebildeten Form, so
kann man nicht umhin, wenigstens für diese Gegend sein Fortbestehen anzunehmen.
Denn es wäre doch mehr denn merkwürdig, wenn hier eine der mykenischen Form
analoge Rüstung mit all ihren charakteristischen Merkmalen gewissermaßen von
Grund aus noch einmal erfunden und von neuem in ganz gleicher Weise herausentwickelt worden wäre. Das halte ich für ausgeschlossen.

Doch begeben wir uns wieder auf festen Boden. Um die Wende des 8. zum
7. Jahrhundert beginnen unsere Monumente mit Kriegerdarstellungen wieder.
Und hier tritt uns der Metallpanzer in einer neuen erweiterten Form entgegen.
Das Metall deckt Brust wie Rücken gleichmäßig, es schließt seitlich aneinander,
zerfällt in zwei getrennt gearbeitete Schalen. Wir haben hiermit vorläufig einen
gewissen Abschluß der in der mykenischen Epoche beginnenden Entwicklung erreicht. Wann man zu dieser im Prinzip endgültigen Schalenform gelangt ist, ob
schon in geometrischer Zeit oder erst in der archaischen Stilperiode, das können
wir leider heute nicht mehr feststellen, da uns, wie gesagt, die Monumente fehlen.
Tatsache ist, daß wir sie auf den Darstellungen von Anfang an so, d. h. fertig ausgebildet, vor uns haben. Zur Form und Zier sei noch kurz bemerkt: Der neue Typ
hat die Form einer Glocke — daher die Bezeichnung „Glockenpanzer" — buchtet
über der Brust leicht nach vorn aus, so daß zwischen Körper und Metall ein Zwischenraum entsteht und wird immer aus zwei Schalen zusammengesetzt, die oben durch
Scharniere mit Nadeln, in ihrem Unterteil in früher Zeit durch einen Gürtel, später an
dessen Stelle durch Scharniere oder Verschleifung zusammengehalten werden. Vom
Gürtel sind in historischer Zeit lediglich die Ziermotive übriggeblieben. Die
Schalen reichen nur etwa bis zur Taille und besitzen unten einen verschieden weit
vom Körper weg nach außen zu abstehenden Rand, der wagerecht abschneidet.
Die Muskulatur ist gegenüber der mykenischen Epoche namentlich durch die Angabe der Bauchmuskelumrißlinie bereichert, sonst aber zumeist, wie es dem ornamentalen Charakter jener archaischen Epoche entspricht, mehr spielerisch zierend
als naturgetreu behandelt. Daneben fehlt es aber auch nicht an Vertretern der
realistischen Richtung.

---

1) Zur Frage nach dem homerischen Panzer werde ich in einem besonderen Abschnitt
Stellung nehmen.

Wie gesagt, der Panzer reicht nur bis zur Taille, läßt den Unterleib frei. Um diesen zu schützen, bringt man unter dem abstehenden Panzerrand als ein weiteres Schutzstück die Mitre an. Die Anfänge lassen sich ebenfalls bis in die mykenische Periode zurück verfolgen. Es ist ein nach der Mitte zu sich verbreiternder Metallstreifen. (Auch hierfür sind die Parallelen aus Italien lehrreich.) Neben dieser einfachen Form kommt noch eine jüngere, wir können sagen: verbesserte vor, die sich namentlich auf Kreta (s. unten) nachweisen läßt. Oben schließt sie geradlinig wagerecht an den unteren Panzerrand an und verläuft nach unten halbkreisförmig abgerundet, was im großen und ganzen dem Abschluß des Unterleibes, der Hüftlinie — wenn sich auch mit ihr noch nicht ganz deckend — entspricht. In dieser Bildung haben wir dem Schalenumfang nach bereits den Prototyp für den späteren „ausgeprägten" Muskelpanzer vor uns. Die Unterleibsplatte zeigt keinerlei Muskulaturangabe, vielmehr mehrfach eingravierte Verzierung, wird also als selbständiges Zusatzglied angesehen.

Es ist nun an der Reihe, zu versuchen, ob der Glockenpanzer sich irgendwo lokalisieren läßt. Da ist es sehr charakteristisch: gerade die ältesten erhaltenen Beispiele, die Bilder auf einer melischen Amphora, ferner auf dem sog. Euphorbos-Teller, protokorinthischen wie altkorinthischen Gefäßen: sie alle weisen auf dorisches Gebiet, und wir gehen wohl nicht fehl, wenn wir als den Mittelpunkt, als das Zentrum, von dem aus sich der Glockentyp strahlenförmig verbreitet, den Peloponnes, und zwar die Gegend von Argos, Korinth, Sikyon betrachten. In Ionien tritt der Panzertyp erst viel später und dann auch nur in vereinzelten Fällen, nie dominierend auf. Das hat seinen augenfälligen Grund darin, daß wir dort eben einen anderen, eigenen Panzertyp vorfinden: die Lederrüstung. Auf den feinen protokorinthischen Gefäßen sehen wir ganze Heere in der gleichen Ausrüstung gegeneinander ziehen. Die Krieger tragen ebenso gleichmäßig ihre Metallglocke wie etwa die Männer auf den klazomenischen Sarkophagen ihr Lederkoller. In einem Falle haben wir die typisch einheimisch-dorische, im anderen die charakteristische ionisch-asiatische Rüstung. Von der Heimat aus verbreitet sich der Glockenpanzer mit den Dorern nach den von ihnen besetzten Inseln, so auch nach Melos und Kreta, andrerseits aber auch nach nicht dorischen Gebieten, so im Osten nach Athen und Chalkis, im Westen nach Etrurien. An erstgenanntem Ort auf dem Handelswege. In Chalkis finden wir ihn wohl aus einem anderen Grunde: die erzreiche Insel fabrizierte selber Waffen und bildete dabei wahrscheinlich, wie weiter oben ausgeführt, einen eigenen in der Muskulatur realistischeren, im Aussehen bunteren Typ heraus. Beides ist wohl auf ionische Einflüsse zurückzuführen. Ausgeschlossen ist es natürlich auch nicht, daß im Peloponnes selbst an den verschiedenen dorischen Orten sich ebenfalls leichte unwesentliche Varianten im Laufe der Zeit herausbildeten. Die Rüstung in Glockenform bleibt im wesentlichen bis gegen das Ende des 5. Jahrhunderts mit kleinen Abweichungen bestehen.

Im allgemeinen läßt sich die Tendenz verfolgen, den Panzer mehr und mehr den darunter verborgenen Formen anzugleichen, die Rüstung in all ihren Teilen auf dem Körper aufruhen zu lassen und die Muskulatur besser zur Durchführung zu bringen. Während der ganzen Periode haben wir, das sei zum Schluß nochmals betont, nie das Erz allein als Rüstung vorauszusetzen, sondern immer unter der Metallschicht eine zweite Lage aus anderer Materie.

Mit dem Ungedecktsein des Unterleibes hing, wie wir sahen, das Anbringen von Unterleibsschutzplatten zusammen. Eine ganze Anzahl solcher Exemplare fanden sich, wie gesagt, auf Kreta. Wie ich vermute, entstanden sie unter dem Einfluß der auf dieser Insel vertretenen verschiedenen griechischen wie ungriechischen Stammesrichtungen. Athen, an das man vielleicht zunächst denken möchte, kommt für jene Zeit noch nicht in Betracht. Dazu fällt ins Gewicht, daß auf den allerdings zeitlich jünger anzusetzenden attischen Vasenbildern sich eine derartige Vorrichtung nirgends nachweisen läßt, also der Panzer unten mit dem wagerecht abschließenden Rand aufhört. Auch die anderen festländisch-griechischen Darstellungen schweigen sich darüber vollkommen aus. Die Verbesserung des Typus geht demnach nicht auf dem Festlande, dem Peloponnes, der eigentlichen Heimat des Metallpanzers vor sich, sondern außerhalb, und zwar wohl an einem Ort oder in einer Gegend, wo die verschiedenen ursprünglich mehr lokalen Panzerungsarten eben miteinander in freie Konkurrenz treten konnten, der dorische Metallpanzer, das ionische Lederkoller und die aus Ägypten vordringende Linnenrüstung. Bei einem solchen Nebeneinander mußte sich die Überlegenheit wie die etwaigen Nachteile des einzelnen Typus im praktischen Gebrauch zeigen. Und dabei mußten natürlich die die Weichteile wie Oberschenkel schützenden Vorkehrungen: die lappenartigen Pteryges der beiden letztgenannten Typen und ihr Vorteil in die Augen fallen. So mag man denn dazu gekommen sein, gewissermaßen durch eine Addition, durch Hinzufügen eines besonderen Unterleibsschutzes, dem Übelstand abzuhelfen, auch diesen Teil des Rumpfes zu panzern, und so die Metallrüstung den anderen Panzerungsformen möglichst gleichwertig zu machen.

Auf Kreta sehen wir die beiden angeführten Vorbedingungen erfüllt, wir haben solch eine verschiedene Bevölkerung, und außerdem stammt die Mehrzahl der Ansatzstücke eben von dieser Insel. Demnach liegt es nahe, diese verbessernde Erfindung dort zu lokalisieren, wenn es auch ebenso leicht möglich ist, daß eine der Inseln darin vorangegangen ist. Hätten wir aus Kreta eine so geschlossene, detaillierte Bildergruppe, wie wir sie auf attischen Gefäßen besitzen, wir würden zweifellos Beispiele solch kombinierter Metallpanzerung vorfinden; so aber sind wir ausschließlich auf die erhaltenen Monumente angewiesen.

Der Glockenpanzer in seiner alten Form würde auch auf dem Festland, wo jetzt besonders Athen in den Vordergrund tritt, noch weiter fortbestanden haben, wenn nicht äußere Verhältnisse seinen Bestand in Frage gestellt hätten. Im Laufe des 6. Jahrhunderts, namentlich in dessen zweiter Hälfte, dringt von Jonien her über die Inseln seinen Weg nehmend ein für das Festland neuer Rüsttyp ein: der schon erwähnte Lederpanzer und mit ihm der Rundschild. Suchte man vorher die unterhalb des Panzers liegenden Körperteile durch den Langschild, seit Aufkommen der verbesserten Beinschienen durch den verkleinerten Ovalschild (böotischer Form) zu schützen, so erreicht man jetzt das gleiche durch den bis auf die Schenkel reichenden Lederpanzer und den Rundschild. Die neue Bewaffnung macht den Mann bewegungsfähiger. Die Folge der Verbreitung dieses Typus

ist nun aber ein vollständiges Zurückdrängen des Linnenpanzers sowie der Metallrüstung: wenigstens ist das in Attika, wie die Denkmäler beweisen, der Fall. Die
Lederrüstung war dem Panzer aus Linnen oder Metall unstreitig überlegen.

Zu diesem ersten Moment kommt ein zweites, nicht weniger wichtiges: der
Zusammenstoß des Ostens mit den Hellenen, die Periode der Perserkriege. Die
festländischen Griechen lernen in diesen Kriegen ganz andere Bewaffnungsarten
kennen, denen ihre eigenen Waffen nicht gewachsen waren. Einen Nachklang geben
die attischen Vasenbilder aus jener Zeit. Diese Zeit der Not bedeutet zugleich aber
auch eine Epoche außerordentlichen Fortschritts und Wandels auf allen Gebieten.
In allen Teilen des Lebens ist ein frischer, erfreulicher Zug im Großen wie im
Kleinen bemerkbar; so auch auf dem Gebiet der Ausrüstung. Man geht daran, den
alten einheimisch-griechisch-peloponnesischen Metallpanzer zu verbessern. Die anatomischen Kenntnisse sind bedeutend gewachsen. Den unteren wagerechten Abschluß läßt man noch bestehen, gibt dem Ganzen aber zum Schutz des Unterleibes
und der Schenkel bisweilen einen Pterygesansatz, den man vom Lederkoller übernimmt. So entsteht allmählich, nicht etwa urplötzlich, der „verbesserte" Glockenpanzer. Auf den Denkmälern findet er sich zwischen 490 und 425. Aber diese
Lösung war noch nicht befriedigend, ist keine endgültige, sondern es handelt sich
nur um eine Übergangsstufe.

Um 480 herum zuerst taucht eine andere epochemachende, man kann sagen, endgültige Metallpanzerform auf. Erst jetzt schließen sich die Panzerschalen immer
völlig genau an die Körperstruktur bis in ihre Details an. Ja man fertigt später,
wie die eine Stelle bei Xenophon besagt, jeden guten Panzer möglichst individuell
nach dem Wuchs seines Trägers, das heißt, man arbeitete die Schalen nach verschiedenen Größen von Leistenformen.

Den größten Fortschritt gegenüber dem Glockenpanzer bildet aber der vordere
untere Schalenabschluß, der nicht mehr wagerecht abschneidet, sondern genau in
sanften Schwingungen dem Verlauf der Hüftlinie folgt, also den ganzen Unterleib
mit in sein Schutzbereich einbezieht. Eine Vorstufe hierzu bildete die getrennt gearbeitete glatte oder mit eingravierter Zier ausgestattete, als gesonderter Teil be-
trachtete kretische Mitre; jetzt wo beides vereint ist, bietet auch der untere Teil
Muskulatur.

Früher hatten wir auf dorischem Gebiet Glockenpanzer und Unterleibsschutz,
jetzt bietet uns dieser attisch-ionische Typ beides in jüngerer Form und nicht mehr
getrennt, sondern zu einem Ganzen verwachsen. Wir haben demnach hier wie
in mykenischer Zeit oder auch in Italien abermals den ganz analogen Vorgang,
daß zwei ursprünglich getrennt gearbeitete Partien, Brustschale und Unterleibsschutz, im Laufe der Entwicklung und bei verbesserter Technik vereinigt werden. Her-
vorgerufen wird diese Vereinigung der zunächst einzeln hergestellten Platten durch
die Tendenz, alle Teile des Körpers möglichst einheitlich zu sichern, dem Gegner
keine unnötigen Blößen, wie sie bei getrennt gearbeiteten Partien tatsächlich vorhanden sind, zu bieten. Mit dieser neuen Bildung, die von der Halsgrube und den
Schultern bis hinab auf die Hüftlinie läuft, ist das Höchstmaß einer einheitlichen
starren Rüstung erreicht. Brust- und Rückenschale decken gemeinsam die gesamte

Fläche des Rumpfes. Eine weitere Ausdehnung der beiden Platten ist schlechterdings unmöglich. Man muß für den noch sonst anzubringenden Schutz zum Anstücken greifen.

An dem unteren geschweiften Rand sitzt besonders häufig in den um 460 herum liegenden Jahren ein Pterygesansatz, dessen einzelne Klappen gern Metallbelag aufweisen. Das älteste Beispiel dieses neuen, nach seinem Aussehen kurz als Muskelpanzer benannten Typs findet sich auf einer Vase des Duris, des Meisters, dessen Gefäße uns für die Bewaffnungsgeschichte und so auch für Metallrüstung wie Lederpanzer und seine Gestaltung manches Neue bringen. In Athen läßt sich demnach zuerst der ausgeprägte Muskelpanzer mit geschwungenem Hüftlinienabschluß nachweisen. Und ich glaube, wir gehen nicht zu weit, wenn wir die neue Gestaltung dem attisch-ionischen Geist zuweisen.

Das hängt mit den politischen Ereignissen zusammen. Während wir in der geometrischen Zeit eine mehr lokale Abgeschlossenheit der einzelnen Landschaften und Stämme gegeneinander beobachten können, tritt jetzt am Ende der archaischen Epoche wieder eine gegenseitige Annäherung ein. Das geschieht infolge des Vordringens der Perser nach dem Ägäischen Meere. Die Ionier werden im Laufe dieser Kämpfe aus ihren Wohnsitzen verdrängt, müssen großenteils auswandern, um sich neue Wohnplätze zu suchen. Ein Teil von ihnen kehrt nach der ursprünglichen Heimat, nach Griechenland zurück, ein anderer geht nach dem Westen weiter. In Griechenland war es — wie es bei der Stammesverwandtschaft nur zu natürlich ist — vor allen anderen Gegenden Athen und Attika, das die besten ionischen Elemente in sich aufnahm. Die für die Ionier so unglückliche Persergefahr ward für Athen somit die Grundlage seiner Blütezeit. Hier vermischen sich die teilweise heterogenen Elemente, um durch die Not geläutert und im gemeinsamen Kampf gegen den äußeren, alle Griechenstämme gleichmäßig bedrohenden Feind miteinander verschmolzen, schließlich jenen gewaltigen Aufschwung herbeizuführen, d. h. jene Epoche, die wir kurzweg als die klassische zu bezeichnen gewohnt sind. Jene Verschmelzung kommt auch in der Bewaffnungsgeschichte zum Ausdruck. Die einzelnen Rüstformen werden miteinander vermischt und ergänzend verbessert.

Man durchdringt die etwas steifen Bildungen des alten dorischen Glockenpanzers mit den mehr auf Weichheit und Geschmeidigkeit gerichteten ionischen Prinzipien. Und mit der neuen Form beginnt der Metallpanzer auch mit einem Schlage ein neues Leben. Der vorher so gut wie unumschränkt vorherrschende Lederpanzer verliert diese führende Stellung, und er teilt sie jetzt mit dem Muskelpanzer. Beide sind einander gleichwertig, nicht mehr wird ein Typ bevorzugt. Wir können also rund reichlich ein halbes Jahrhundert nach dem Auftauchen des Lederpanzers und dem infolgedessen eintretenden Wandel, der mit dem fast völligen Verschwinden der Linnenrüstung wie der Metallglocke endigt, auf attischem Boden einen ähnlichen Vorgang — allerdings von nicht ganz so einer einschneidenden Wirkung — beobachten. Man besinnt sich in jenen Jahrzehnten der Persergefahr auf sich selbst, bringt das einheimisch-griechische Element wieder mehr zur Geltung gegenüber dem fremdländisch-importierten. Daß man am alten Typus zeitgemäße Ver-

besserungen anbringt, ist nicht mehr als recht und billig. Es geht hier wie zu
allen Zeiten der Bewaffnungsgeschichte, daß man veränderten, neumodischen Anforderungen Rechnung tragen muß, will man nicht ins Hintertreffen kommen.
Einen ähnlichen Vorgang, wie wir ihn in der Panzerung deutlich vor Augen haben,
können wir in der Tracht beobachten. In der Pisistratidenzeit und den darauf
folgenden Dezennien war die ionische Tracht als Gewandung in Athen in gleicher
Weise herrschend geworden wie der Lederpanzer als Rüstung. Allgemein bekannt
sind ja vor allen Dingen als Zeugen jener Epoche die sog. Akropolistanten, jene
zahlreiche aus dem Perserschutt stammende Statuengattung, die in ihrer mit allen
Finessen hergestellten und größtem Raffinement angelegten Kleidung uns nur zu
wahrheitsgetreu das Streben jener verweichlichten Generation erkennen läßt. Nach
480 kommt der einheimische strenge, schlichte dorische Peplos, wie ihn die Athena
Lemnia oder Parthenos trägt, wieder mehr zu seinem Recht. Und in ganz ent-
sprechender Weise macht der linnene Chiton dem einfacheren Himation in der
Männertracht Platz. So prägt sich auch in Tracht und Bewaffnung der nationale
Aufschwung des Griechentums aus.

Und es ist gewiß kein Zufall, wenn wir gerade auf Vasen des Duris und auf
Darstellungen, die in Form wie Inhalt von Polygnots Freskenmalerei beeinflußt
sind, ja gewiß einzelne Szenen aus diesen Cyklen kopieren, die neue Panzerform
antreffen. Beide Meister sind ionischer Herkunft, der Vasenmaler stammt wohl
aus Samos, während als Polygnots Heimat Thasos genannt wird. Sie bringen die
neue ionisch-attische Form, sicher sich dessen bewußt, vor allen anderen. Das zeigen
auch die sonstigen detaillierten Angaben bei den anderen Waffenstücken, die namentlich bei Duris mit der allergrößten Liebe und Sorgfalt zur Durchführung gebracht sind.

Vergleicht man zum Schluß noch einmal den alten, ohne Zweifel pelopon-
nesisch-dorischen Glockenpanzer mit einem attisch-ionischen Muskelpanzer, so
wird es einem klar, welch ein gewaltiger Unterschied zwischen diesen beiden, doch
im Grunde genommen auf eine Wurzel zurückgehenden Bildungen liegt. Und man
kann auch hier, wie man es, um den Unterschied zwischen dorischer und attisch-
ionischer Baukunst zu charakterisieren, ausgesprochen hat, vom Glockenpanzer
sagen, daß er mehr steif, starr, unbeugsam gestaltet ist, während im Gegensatz
dazu der Muskelpanzer etwas Gefälliges, Flüssiges, Weiches, Anschmiegendes in
sich schließt.

Für eine Reihe Dezennien treffen wir auf den Denkmälern den verbesserten
Glockenpanzer und den Muskelpanzer nebeneinander. Erst gegen das Ende des
5. Jahrhunderts tritt der erstere ganz in den Hintergrund und verschwindet von
nun an von den Monumenten. Da sich sicherlich auch noch von dem alten Glockenpanzer Beispiele in das 5. Jahrhundert hinein gerettet haben werden, so wird man
im 5. Jahrhundert die meisten Varianten nebeneinander gleichzeitig erblickt haben,
eine Bemerkung, die wir auch bei dem Lederkoller machen können. Hingewiesen
werden muß noch auf das unverhältnismäßig spärliche Vorkommen von Muskelpanzern im vierten Viertel des 5. und im Verlaufe der ersten Hälfte des 4. Jahrhunderts. Der Hauptgrund, warum diese Rüstart in der angeführten Epoche so

selten vorkommt, liegt gewiß in der idealisierenden Tendenz der damaligen Kunst-
richtung. Man kann das schon zu Beginn des 5. Jahrhunderts beobachten, wie die
Freude am Akt stetig wächst und die Gewandung, dann aber auch die Bewaffnung
mehr und mehr in den Hintergrund treten läßt. Man stellt die Krieger nicht mehr
so dar, wie sie tatsächlich in den Kampf gingen, sondern läßt die Rüstung fort,
gibt ihnen nur die notwendigsten Waffen, die sie brauchen, damit ihre Tätigkeit
als Helden charakterisiert ist. Selbst der die Körperformen getreulich nachbildende
Muskelpanzer fällt dieser Neigung, die Helden in heroischer Nacktheit darzustellen,
zum Opfer. Weniger kommt in zweiter Linie die Strömung in Betracht, die nach
dem großen Peloponnesischen Kriege einsetzt, die Bewaffnung zu reformieren, an
die Stelle schwererer Ausrüstungen leichtere Bewaffnung einzuführen, eine Tendenz,
die ja z. B. in den Bestrebungen des Iphikrates zum Ausdruck kommt. Endlich
mag auch die starke Verarmung Athens infolge seiner unglücklich verlaufenen
Unternehmungen hierbei seine Rolle gespielt haben, wie sich ja auch auf anderen
Gebieten die völlige finanzielle Erschöpfung Athens nur zu deutlich zeigt. Es fehlt
uns endlich auch das reiche Material an Vasendarstellungen. An der Form des
Muskelpanzers wird in den folgenden Jahrhunderten so gut wie nichts geändert.
Im einzelnen mag man der Mode entsprechend leicht variiert haben. So prägt
man, wie wir es ja auch in Pergamon antreffen, in hellenistischer Zeit gern die
Muskeln in etwas übertriebener Weise aus, eine Gestaltung, die sich später, in
römischer Zeit, wieder mildert, mehr der Natur wie in der klassischen Periode
entspricht.

Vermehrt wird seit dem Peloponnesischen Kriege die Anzahl der Pterygesstreifen zunächst auf drei, später, in hellenistischer Zeit, begnügt man sich meist
mit zwei Lagen, einer kurzen und einer mehrfach so langen, wie wir es gleichzeitig auch am Lederpanzer fanden. Die obere, kürzere Lage folgt meist der Hüftabschlußlinie, ist also geschwungen, die untere dagegen schneidet gerade, wagerecht ab. Seit dem Ende des 5. Jahrhunderts sind Fransen beliebt. Plastischer
Klappenschmuck ist erst eine Errungenschaft späthellenistischer und römischer
Zeit, besonders der Imperatoren.

Als letzte, ebenfalls vom Linnenpanzer und Lederkoller übernommene Neuerung habe ich das bisweilen, aber durchaus nicht immer vorkommende Vorhandensein von Schulterklappen zu erwähnen. Erst im 4. Jahrhundert läßt sich dieser
Zusatz nachweisen. Sie bedeuten sicher einen besseren Schulterverschluß, einen
weitgehenderen Schutz dieser Körperteile, haben sich aber griechisch am Muskelpanzer nie ganz eingebürgert. Erst römisch trifft man den Metallpanzer durchweg
mit dieser Einrichtung. Die Ausschmückung der Fläche mit plastischen Darstellungen kommt schon im 4. Jahrhundert vor, ist aber dann wieder in Italien
besonders beliebt.

Mit dem genauen Anschluß der Schalen an die Körpergestaltung muß dann
auch eine gleiche Formierung der Unterlage Hand in Hand gehen. Die am Glockenpanzer noch sichtbaren Nietkopfreihen finden sich anfangs auch noch am ausgeprägten Muskelpanzer, dann aber verschwinden sie auf den Darstellungen. Damit
ist nun aber keineswegs etwa gesagt, daß auch das Futter deswegen weggelassen

wird, also ein Hauptcharakteristikum der Metallrüstung am ausgeprägten Muskelpanzer verloren ginge. Die Befestigungsstifte können im Inneren des wulstartig umgelegten Randes (für uns also unsichtbar) angebracht sein, oder sie wurden so fein und zierlich, daß sie für das Auge nicht mehr wahrnehmbar waren, damit auch für Darstellungen wegfallen. Daß der Panzer ganz ohne eine innere, verstärkende Auspolsterung blieb, ist auch jetzt aus dem gleichen Grunde wie schon in den früheren Perioden, infolge seiner geringen Widerstandsfähigkeit so gut wie undenkbar, dagegen kann — (und das ist sogar sehr wahrscheinlich) — an Stelle der früheren Einlagen jetzt einfach eine sichernde Lederschicht getreten sein.

Zeitlich läßt sich der Muskelpanzer bis tief in die römische Kaiserzeit nachweisen. Allerdings erfährt die Schalenbildung eine für die römische Periode grundlegende Veränderung. Man bringt auch auf den Schalen, die ja an und für sich bereits ein Kunstwerk plastischer Durchbildung darstellen, erhabene Reliefdarstellungen (so am Panzer des Augustus von Primaporta historischer Art) an.

Für die Brauchbarkeit des ausgeprägten Muskelpanzers spricht seine Verbreitung. Soweit Hellenen saßen, treffen wir ihn an, so in Griechenland, Thessalien, Thrakien, am Bosporus, in Südrußland, Kleinasien, Syrien und in der Ptolemäerzeit auch in Ägypten. Dann auf den Inseln. Im Westen ist namentlich Italien, Sizilien ein Hauptverbreitungsgebiet, und schon früh wird er nach Gallien (über Massilia), Spanien, Afrika und endlich auch vereinzelt nach Germanien gelangt sein. Wohin ihn die Griechen nicht brachten, dorthin wanderte er mit den siegreichen römischen Legionen. Und mit den Römern lebt er bis an den Ausgang der Antike fort.